DON
GABOR

MENSCHEN FÜR SICH GEWINNEN

DON GABOR

MENSCHEN FÜR SICH GEWINNEN

Wie Sie ins Gespräch kommen, Kontakte knüpfen und Beziehungen aufbauen

mvgverlag

Bibliografische Information der Deutschen Nationalbibliothek:
Die Deutsche Nationalbibliothek verzeichnet diese Publikation in der
Deutschen Nationalbibliografie; detaillierte bibliografische Daten sind im Internet über
http://d-nb.de abrufbar.

Für Fragen und Anregungen:
dongabor@mvg-verlag.de

2. Auflage 2013

© 2012 by mvg Verlag, ein Imprint der Münchner Verlagsgruppe GmbH,
Nymphenburger Straße 86
D-80636 München
Tel.: 089 651285-0
Fax: 089 652096

© der Originalausgabe 1983, 2001, 2011 by Don Gabor

Die englische Originalausgabe erschien 2011 vollständig überarbeitet und aktualisiert bei
Touchstone unter dem Titel *How to Start a Conversation and Make Friends*.

Published by arrangement with the original Publisher, Touchstone, a Division of Simon &
Schuster, Inc.

Übersetzung: Claudia Fregiehn, München
Redaktion: Judith Mark, Freiburg
Innenillustrationen: Mary Power
Umschlaggestaltung: Maria Wittek, München
Umschlagabbildung: iStockphoto
Satz: Buch-Werkstatt GmbH, Bad Aibling
Druck: CPI – Ebner & Spiegel, Ulm
Printed in Germany

ISBN Print 978-3-86882-259-5
ISBN E-Book (PDF) 978-3-86415-269-6

Weitere Informationen zum Verlag finden Sie unter

www.mvg-verlag.de
Beachten Sie auch unsere weiteren Verlage unter
www.muenchner-verlagsgruppe.de

Dieses Buch widme ich meinen Eltern, Trude und Fred, und meiner Schwester Ellen.

Danke, dass ihr mir so viel Vertrauen und Ermutigung mitgegeben habt, dass ich heute überall und jederzeit mit jedem Menschen über jedes Thema ins Gespräch kommen kann.

Ich widme dieses Buch auch meiner Frau Eileen, der Liebe meines Lebens.

Inhalt

Teil IV: Das Gespräch auf die nächsthöhere Ebene bringen

Anmerkung des Autors

Wie man ein Gespräch beginnt und Freunde gewinnt wurde erstmals 1983 veröffentlicht und im Jahr 2001 überarbeitet. Seitdem habe ich mehrere Bücher geschrieben und vor vielen Menschen im ganzen Land Workshops über Kommunikationsfähigkeiten gehalten. Doch auch nach all den Jahren, in denen ich über dieses Thema gelehrt, geschrieben und gesprochen habe, stelle ich fest, dass es in Sachen Gesprächskunst immer noch etwas dazuzulernen gibt.

Die überarbeitete Neuausgabe beruht auf Rückmeldungen und Fragen von Hunderten meiner Leser und Studenten, auf zusätzlichen Recherchen und persönlichen Erfahrungen. Ich habe dem Buch eine neue, vierteilige Struktur gegeben: »Das Gespräch voller Selbstvertrauen beginnen«; »Das Gespräch mit Charme, Selbstvertrauen und Taktgefühl fortsetzen und beenden«; »Mit Online-Netzwerken soziale, geschäftliche und persönliche Kontakte ausweiten«; »Das Gespräch auf die nächsthöhere Ebene bringen«.

In diese Abschnitte flossen neue und überarbeitete Kapitel ein: über Körpersprache, was nach der Begrüßung folgt, wie man über sich selbst spricht, das Namensgedächtnis, der Umgang mit heiklen Gesprächssituationen, die Erkundung sozialer Netzwerke, wie man im Internet Kontakte knüpft und Freunde findet, über das Netzwerken, wie man Freundschaften schließt oder wiederbelebt, zum Verhalten bei einem Date, über Gesprächsstile, das Gespräch mit Menschen aus anderen Ländern. Am Schluss des Buches finden Sie eine Liste mit 60 Möglichkeiten, den eigenen Gesprächsstil zu verbessern und dauerhafte Freundschaften aufzubauen. Überall im Text gibt es Antworten auf häufig gestellte Fragen.

Die meisten Menschen wünschen und brauchen menschlichen Kontakt und der wird oft in Form einer einfachen Unterhaltung hergestellt. Das Geheimnis, wie man erfolgreich ein Gespräch beginnt und Freunde gewinnt, beruht auf vier Kernpunkten. Man muss

1. die Initiative ergreifen und auf andere zugehen,

2. wirkliches Interesse an anderen Menschen zeigen,

3. andere mit Respekt und Freundlichkeit behandeln sowie

4. andere und sich selbst als individuelle, besondere Menschen wertschätzen, die viel miteinander teilen können und einander viel zu bieten haben.

Wenn Sie diese vier Punkte im Hinterkopf behalten und sich weitere Fähigkeiten und Tipps aus diesem Buch aneignen, können Sie ein ausgesprochen gewandter Gesprächspartner werden. Ich hoffe, dass die überarbeitete Neuausgabe meines Buches Ihnen hilft, dieses Ziel zu erreichen.

Einleitung:
Neue Menschen kennenlernen
und neue Freunde gewinnen –
das ist heute der Weg zum Erfolg!

Wenn uns etwas interessant macht, dann ist es ein gutes Gespräch. – Schließlich verbringen wir einen Großteil unserer Zeit mit Reden und Zuhören. Warum sollten wir dabei uns selbst oder andere langweilen? Das muss beides nicht sein!

Edwin Newman (1919–2010),
Nachrichtenkommentator

Wenn Sie das nächste Mal einen Raum voller Menschen betreten, hören Sie einfach einmal zu, wie sie reden! Alle kommunizieren durch Gespräche. Ein Gespräch ist das wichtigste Mittel, um unsere Ideen, Meinungen, Ziele und Gefühle denjenigen mitzuteilen, mit denen wir in Kontakt kommen. Es ist auch das wichtigste Mittel, um Freundschaften und Beziehungen zu beginnen und auszubauen.

Öffnen Sie Ihren Gesprächskanal – persönlich und in sozialen Netzwerken im Internet

Ganz gleich, ob wir bei Partys, bei der Arbeit oder auf den Internetseiten sozialer Netzwerke wie Facebook oder LinkedIn auf andere Menschen treffen, wir können immer dann Kontakt aufnehmen und kommunizieren, wenn unser »Kommunikationskanal« geöffnet ist. Ist der Kanal geschlossen, ist es nahezu unmöglich, ein Gespräch zu beginnen und fortzusetzen oder irgendeine Art von Beziehung herzustellen.

Dieses Buch beruht auf mehr als 30 Jahren Lehre und Schreiben darüber, wie man ein Gespräch beginnt und Freunde gewinnt. Es wird Ihnen zeigen, wie Sie Ihren Kommunikationskanal öffnen und sich auf Menschen einstellen können, denen Sie in Ihrem Alltag oder in sozialen Netzwerken im Internet begegnen. Die hier vorgestellten Gesprächstechniken wurden erfolgreich in meinen Seminaren getestet und haben sich als Methoden bewährt, um in nahezu jeder Situation ein Gespräch zu beginnen und aufrechtzuerhalten – sowohl im geschäftlichen als auch im gesellschaftlichen Rahmen.

Die Techniken werden in leicht erlernbarer Form präsentiert, damit Sie gleich damit beginnen können, Ihre Kommunikationsfähigkeiten und Ihr Selbstvertrauen zu stärken. Hunderte Beispiele zeigen, was man in realen Situationen konkret sagen kann, sodass jeder in seinem eigenen Tempo üben und die Techniken seinem Lebensstil anpassen kann.

So hilft das vorliegende Buch jedem, der zu Hause, bei der Arbeit, im Internet oder sonst irgendwo besser kommunizieren möchte:

- Geschäftsführern, Führungskräften, neuen Mitarbeitern

- Mitgliedern von Facebook, LinkedIn und anderen sozialen Netzwerken

- Beratern und Verkaufspersonal

- Alleinstehenden und Paaren

- Computer-Programmierern und anderen Vertretern technischer Berufe

- Unternehmern und Freiberuflern

- Menschen, die eine Fremdsprache erlernen

- Karriere- und Lebensberatern

- Psychologen, Therapeuten und deren Klienten

- Lehrpersonal und Studierenden

- Eltern und Jugendlichen

Wer sich lohnendere Gespräche in beruflichen, gesellschaftlichen oder privaten Situationen wünscht, ist auf den folgenden Seiten richtig.

Wie dieses Buch Ihnen hilft

Vielen Menschen, die meine Workshops besuchen, meine Bücher lesen und Audioprogramme hören, steht gerade eine berufliche Veränderung bevor und sie wollen lernen, sich leichter in ein neues gesellschaftliches und berufliches Umfeld einzufinden. Alleinstehende möchten andere Menschen lieber erst einmal im Internet kennenlernen, bevor sie sich persönlich verabreden. Verkäufer wollen wissen, wie sie ihre Kunden auf informelle Art ansprechen und eine Verbindung zu ihnen herstellen können. Geschäftsführer und andere Führungskräfte wollen die Produktivität und Loyalität ihrer Mitarbeiter erhöhen. Unternehmer und Freiberufler wünschen sich, dass ihre Netzwerke sich bezahlt machen. Neubürger möchten sich in der Landessprache verständigen. Paare möchten besser miteinander und im Familienkreis kommunizieren. Alle diese und noch weitere Ziele kann man erreichen, indem man seine Kommunikationsfähigkeiten verbessert.

Selbst sehr gewandte Redner geraten mitunter in heikle Gesprächssituationen, in denen die Unterhaltung einfach nicht nach ihren Vorstellungen verläuft. Dieses Buch liefert Techniken und Formulierungsvorschläge, die man nutzen kann, um das Gespräch in solchen Situationen besser zu steuern und im Griff zu haben.

Wie man Partys genießt und gleichzeitig neue Freunde findet

Die wohl gängigste Situation, die vielen Menschen Probleme bereitet, besteht darin, bei Partys und anderen gesellschaftlichen Anlässen neuen Menschen zu begegnen und gesellig beisammen zu sein. Untersuchungen zeigen, dass viele Menschen sich in einem Raum voller Fremder unwohl fühlen und Angst haben, auf andere zuzugehen. Dieses Buch stellt praktische Methoden vor, mit denen man andere Menschen kennenlernt, neue Freunde gewinnt und dauerhafte und wichtige Beziehungen entwickelt.

Die meisten Menschen möchten ihre Erfahrungen gern mit anderen teilen. Wir suchen stets nach Menschen, zu denen wir auf intellektueller, körperlicher und emotionaler Ebene Zugang finden können. Diese Suche kann frustrierend und ergebnislos verlaufen, wenn man nicht in der Lage ist, auf andere zuzugehen und eine Verbindung herzustellen. Sobald Sie aber die Grundprinzipien eines guten Gespräches beherrschen und bereit sind, die Initiative zu ergreifen, werden Sie offen und bereit für neue Kontakte und Freundschaften sein.

Kommunikation und den Einsatz neuer Techniken kann man lernen

Die Fähigkeit, auf informelle und freundliche Art zu kommunizieren, ist ganz entscheidend für jeden Bereich unseres beruflichen, gesellschaftlichen und privaten Lebens. Die meisten Menschen können ohne Mühe Gespräche führen, solange sie sich sicher und wohlfühlen. Problematisch wird es, sobald Angst und Unbehagen an die Stelle von Sicherheit und Wohlbefinden treten. Dieses Buch kann helfen festzustellen, in welchen Situationen Sie sich sicher fühlen und welche Kommunikationstechniken für Sie funktionieren.

Wenn Sie die Techniken verstanden haben, die eine natürliche Unterhaltung fördern, wenden Sie sie zunächst in Situationen an, in denen Sie sich sicher und wohlfühlen. Sie werden feststellen, wie wirksam diese Techniken sind, und sie gleich zu einem festen Bestandteil Ihres Alltags machen.

Sobald Sie sich im Umgang mit den Konversationstechniken in »unverfänglichen« Situationen etwas geübter fühlen, können Sie mehr riskieren und sie auch in Situationen anwenden, in denen Sie sich zuvor unwohl und ängstlich fühlten. Sie werden angenehm überrascht sein, dass sich Ihre neuen Fähigkeiten viel leichter von der einen auf die andere Situation übertragen lassen, als Sie erwartet hätten. Je mehr Kontrolle Sie haben, desto sicherer werden Sie. Ihre Fähigkeit, entspannte und ausgedehnte Gespräche im Fluss zu halten, wird dann Bestandteil Ihrer Persönlichkeit. Denken Sie nicht zu viel über die Fähigkeiten und Techniken nach, sondern lassen Sie sie einfach zur natürlichen Grundlage der Kommunikation werden.

Auf traditionelle und moderne Art Kontakte knüpfen

Dieses Buch möchte Ihnen dabei helfen, in Ihrem normalen alltäglichen Umfeld auf ganz traditionelle Art und Weise Menschen kennenzulernen. Es hilft aber auch dabei, Kontakte in den neuen Räumen zu
knüpfen, in denen Menschen heute gesellschaftlich miteinander umgehen: in sozialen Netzwerken, Blogs und auf Seiten für die Partnersuche im Internet. Ganz gleich, ob ein Gespräch online oder persönlich
stattfindet – wenn es offen ist und auf Gegenseitigkeit beruht, können
Sie viel gewinnen. Der Erfahrungsaustausch mit anderen hilft uns dabei, unsere eigene Persönlichkeit zu entfalten. Unser Horizont erweitert
sich und vielleicht eröffnen sich uns neue Möglichkeiten, wobei sich
zugleich unsere Beziehungen vertiefen und an Bedeutung gewinnen
können. Es können Freundschaften und ein Gefühl der persönlichen
Erfüllung entstehen.

Los geht's: mit dem Kapitel Ihrer Wahl

Um sofort loslegen zu können, brauchen Sie nicht erst das ganze Buch
durchzulesen. Es genügt, einen Blick auf das Inhaltsverzeichnis zu werfen, zu schauen, welche Themen Sie am stärksten ansprechen, und dann
das entsprechende Kapitel aufzuschlagen. Wenn Sie die Kommunika-
tionstipps, -fähigkeiten und -techniken darin unmittelbar in die Tat
umsetzen, werden Sie feststellen, dass sie sich schnell in Ihren Alltag
integrieren lassen. Sie werden Ihre Kommunikationsfähigkeiten verbessern und in Ihrem Umfeld leichter Kontakte knüpfen können.

Setzen Sie sich das Ziel, mit den Ideen aus diesem Buch auf andere zuzugehen und neue Beziehungen herzustellen. Prüfen Sie, wie die Tipps,
Techniken, Fähigkeiten und Beispiele für Sie funktionieren. Wenn Sie
sie optimieren und weiter individuell anpassen, werden Sie noch bessere
Ergebnisse erzielen. Mit diesem Ansatz wird es viel leichter sein und
viel mehr Spaß machen, das Eis zu brechen, Menschen kennenzulernen
und neue Freunde zu finden, als Sie gedacht hätten. Das verspreche ich
Ihnen! Lassen Sie uns loslegen und ... ins Gespräch kommen!

TEIL I

DAS GESPRÄCH VOLLER SELBSTVERTRAUEN BEGINNEN

Eine geschlossene Körpersprache übermittelt die Botschaft: »Lasst mich in Ruhe. Ich möchte lieber allein bleiben.«

1. Der erste Kontakt: Körpersprache

Es ist ein Luxus, verstanden zu werden.
Ralph Waldo Emerson (1803–1882),
amerikanischer Lyriker und Essayist

Kommunizieren tun wir nicht nur mit dem Mund, sondern mit dem ganzen Körper. Die Körpersprache ist eine unserer wichtigsten Kommunikationstechniken. Untersuchungen zufolge spielt sich mehr als die Hälfte eines persönlichen Gesprächs auf nonverbaler Ebene ab. Noch bevor wir überhaupt ein Wort sagen, kommuniziert die Körpersprache unsere Gefühle und Einstellungen und zeigt den anderen, wie aufgeschlossen wir sind.

Den meisten Menschen, die sich mit Konversation schwertun, ist gar nicht bewusst, dass ihre geschlossene Körpersprache (verschränkte Arme, kaum Blickkontakt, kein Lächeln) oft der Grund dafür ist, dass ihre Gespräche eher kurz ausfallen oder schwer in Gang zu halten sind. Wir werden gleich nach den ersten Signalen, die wir aussenden, beurteilt, und wenn der erste Eindruck nicht aufgeschlossen und freundlich ist, ist es schwierig, ein gutes Gespräch zu führen.

Mithilfe der folgenden Techniken für eine offene Körpersprache sorgen Sie dafür, dass der erste Eindruck für Sie spricht und nicht gegen Sie.

Von der geschlossenen zur offenen Körpersprache

In seinem hervorragenden Buch zum Thema Schüchternheit, *Making Contact,* deutsch etwa: Kontakt herstellen, hat Arthur C. Wassmer in sechs Schritten auf den Punkt gebracht, wie man seine Körpersprache offen gestalten kann. Ein typischer »Öffner« ist eine nonverbale Geste, die Menschen uns gegenüber ansprechbarer und aufgeschlossen macht. Da unsere Körpersprache etwas über uns aussagt, noch bevor wir das Wort ergreifen, ist es wichtig, einen Eindruck von Offenheit zu erwecken. Indem wir eine offene Körpersprache verwenden, signalisieren wir: »Ich bin freundlich gestimmt und möchte mit Ihnen sprechen – wenn Sie auch wollen.« Jeder der sechs Schritte zu einer offenen Körpersprache steht für eine bestimmte Technik, die andere dazu animiert, mit uns zu sprechen:

In sechs Schritten zu einer offenen Körpersprache

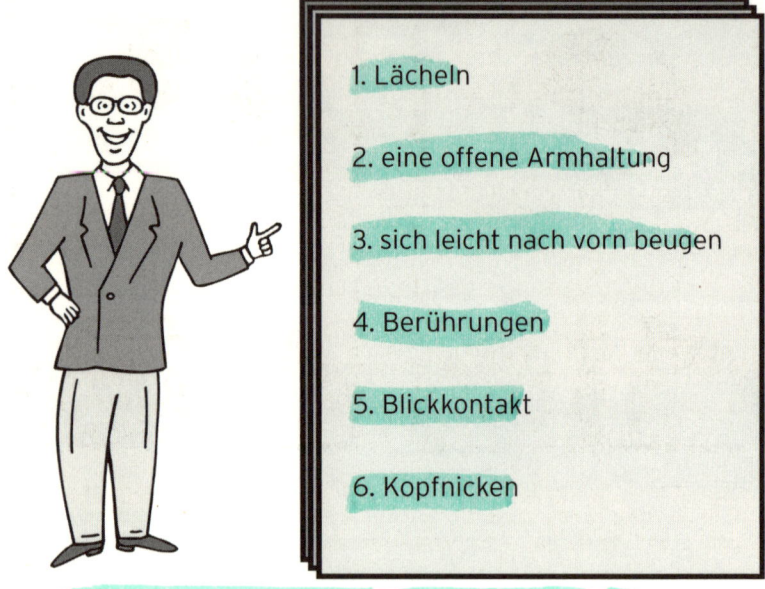

1. Lächeln

2. eine offene Armhaltung

3. sich leicht nach vorn beugen

4. Berührungen

5. Blickkontakt

6. Kopfnicken

Setzen Sie Ihre Körpersprache ein, um die natürlichen Barrieren zwischen Fremden zu überwinden.

Schritt 1: Lächeln

Ein ansprechendes Lächeln ist ein deutliches Zeichen für eine freundliche und offene Einstellung und für Gesprächsbereitschaft. Es ist ein aufgeschlossenes, nonverbales Signal, das die Hoffnung ausdrückt, der andere möge das Lächeln erwidern. Wenn Sie lächeln, zeigen Sie, dass Sie Ihr Gegenüber positiv zur Kenntnis genommen haben, was meist als Kompliment aufgefasst wird. Die andere Person fühlt sich daher gut und wird in den meisten Fällen zurücklächeln.

Lächeln bedeutet nicht, dass Sie einen gekünstelten Gesichtsausdruck aufsetzen sollten oder vorgeben, ununterbrochen glücklich zu sein. Wenn Sie aber jemanden sehen, den Sie kennen oder gern kennenlernen würden, lächeln Sie ruhig. So zeigen Sie, dass Sie offen für ein Gespräch sind.

Ein Lächeln zeigt, dass Sie freundlich gestimmt und offen für ein Gespräch sind. Schauen Sie hingegen finster drein oder runzeln Sie die Stirn, strahlt Ihr Gesicht Skepsis und Verschlossenheit aus.

Das Gesicht eines Menschen übermittelt eine Vielzahl verbaler und nonverbaler Botschaften. Sendet man freundliche Signale, kommen freundliche Botschaften zurück. Wenn Sie ein warmherziges Lächeln mit einem freundlichen »Hallo« kombinieren, werden Sie angenehm überrascht sein, wie viele ähnliche Reaktionen Sie hervorrufen. Es ist die einfachste und beste Art, jemandem zu zeigen, dass man ihn zur Kenntnis genommen hat. Ein Lächeln strahlt generell Wohlwollen aus und erhöht die Gesprächsbereitschaft unseres Gegenübers.

Schritt 2: Eine offene Armhaltung

Sicherlich wurden Sie schon öfter mit »offenen Armen« empfangen, was natürlich nichts anderes bedeutet, als dass sich jemand sehr freute, Sie zu sehen. Auf einer Party oder bei einem anderen gesellschaftlichen oder geschäftlichen Anlass deutet eine offene Armhaltung darauf hin, dass wir freundlich gestimmt und kontaktbereit sind. Bei einem Gespräch signalisiert sie, dass wir aufgeschlossen sind und zuhören.

Verschränkte Arme sagen:
»Ich denke nach und möchte nicht gestört werden. Bitte wegbleiben.«

Offene Arme sagen:
»Ich bin aufgeschlossen und kontaktbereit.«

Wenn man irgendwo mit verschränkten Armen steht oder sitzt, wirkt man reserviert, abwehrend und verschlossen. Verdeckt man dazu noch mit einer Hand seinen Mund (und sein Lächeln) oder sein Kinn, hat man praktisch schon die klassische »Denker«-Pose eingenommen. Mal ehrlich: Würden Sie jemanden stören, der so tief in Gedanken versunken scheint? Wohl kaum. Wenn wir die Arme verschränken, machen wir eher einen nervösen, voreingenommenen oder skeptischen Eindruck – wodurch andere Menschen davon abgehalten werden, auf uns zuzugehen. Eine solche körperliche Ausstrahlung verhindert, dass sich unsere Gesprächspartner wohlfühlen.

Manche Menschen halten dagegen, dass sie sich nicht automatisch einem Gespräch verschließen, bloß weil sie ihre Arme verschränken. Sie sagen dann: »Ich verschränke die Arme, weil ich das einfach bequem finde.« Die »Armverschränker« mögen sich so wohl fühlen; das Problem dabei ist jedoch, dass zwar kein Mensch Gedanken lesen kann, sehr viele aber Körpersprache deuten können. Verschränkte Arme sagen: »Bitte nicht stören!« Und: »Ich weiß schon, was ich zu denken habe.« Offene Arme signalisieren dagegen: »Ich möchte in Kontakt kommen und höre gern zu. Kommen Sie herüber und sprechen Sie mich an.«

Schritt 3: Sich leicht nach vorn beugen

Wenn Sie sich in einer Unterhaltung ganz leicht vorbeugen, unterstreicht das Ihr Interesse und verdeutlicht, dass Sie dem Gesprächspartner zuhören. Der fasst das meist als Kompliment auf und fühlt sich ermuntert, weiterzusprechen.

Sich zurücklehnen signalisiert Desinteresse und Langeweile.

Sich nach vorn beugen unterstreicht: »Was Sie erzählen, interessiert mich.«

Häufig lehnen sich Menschen mit einer Hand am Kinn oder über dem Mund oder mit hinter dem Kopf verschränkten Armen zurück und nehmen eine sogenannte Entspannungshaltung ein. Diese Pose signalisiert aber leider, dass der Zuhörer uns bewertet, skeptisch oder gelangweilt ist. Da den meisten Menschen das Gefühl, bewertet zu werden, unangenehm ist, wird eine zurückgelehnte Haltung den Sprechenden eher in seinem Redefluss bremsen.

Es ist viel besser, sich in einer Unterhaltung locker und auf natürliche Art leicht nach vorn zu beugen. Damit signalisieren Sie: »Ich höre Ihnen zu und habe Interesse. Sprechen Sie nur weiter!« Das hilft Ihrem Gegenüber, sich sicherer zu fühlen, und ermutigt die Person, weiterzusprechen.

Den persönlichen Raum definieren

Der persönliche Raum oder der körperliche Abstand zwischen den Gesprächspartnern spielt eine wichtige Rolle in der Körpersprache. Was der Einzelne jedoch als angenehm empfindet, kann sehr unterschiedlich sein und hängt von der jeweiligen Kultur, der sozialen Situation, dem Geschlecht und den persönlichen Vorlieben ab. Wenn wir uns darauf einstellen und den persönlichen Raum des anderen erkennen und respektieren, hilft das, Unbehagen zu vermeiden, wenn Menschen im Gespräch zu nah beieinander oder zu weit voneinander entfernt stehen. Wie viel Abstand eingehalten wird, hängt bei vielen Nordamerikanern und Europäern auch von der Art des Gesprächs ab:

- **Vertrauter Abstand:** 0–40 Zentimeter. Bei Gesprächen unter Eheleuten und Verwandten und bei Menschen, die es gewohnt sind, einander zu umarmen, die einander berühren oder miteinander flüstern.

- **Persönlicher Abstand:** 40–90 Zentimeter. Bei Gesprächen unter guten Freunden, Verwandten oder guten Bekannten – Menschen, die einander besser und näher kennenlernen möchten.

• **Gesellschaftlicher Abstand:** 90 Zentimeter – 1,50 Meter. Bei Gesprächen in offiziellerem Rahmen zwischen Geschäftspartnern oder entfernteren Bekannten.

Detaillierte Angaben zum Abstand zwischen Gesprächspartnern in verschiedenen Kulturen finden Sie in Kapitel 18 unter dem Punkt: »Wie gut wissen Sie über die Gepflogenheiten anderer Kulturen Bescheid?«

Schritt 4: Berührungen

In der Kultur westlicher Länder ist die am weitesten akzeptierte Form der Kontaktaufnahme bei der ersten Begegnung ein herzlicher Händedruck. Das gilt für Begegnungen von Angehörigen des gleichen und des anderen Geschlechtes ebenso wie bei geschäftlichen und gesellschaftlichen Anlässen. In fast jeder Situation ist ein warmer und fester Händedruck eine unbedenkliche Art, Menschen offen und freundlich zu begegnen.

Bieten Sie als Erster Ihre Hand zum Gruß an. Verbinden Sie den Händedruck mit einem freundlichen »Hallo!«, einem netten Lächeln, nennen Sie Ihren Namen – und schon haben Sie den ersten Schritt getan, um zwischen Ihnen und Ihrem Gegenüber die Kommunikationskanäle zu öffnen.

Manchen Männern ist es unangenehm, einer Frau als Erster die Hand zu geben. Ihre Begründung: Sie würden sich dumm vorkommen, falls die Frau ihre Hand nicht ergreifen sollte. Dazu schreibt Emily Post in der überarbeiteten Fassung ihres Buches zur Etikette, dass es für einen Mann völlig akzeptabel sei, einer Frau als Erster die Hand hinzustrecken, und dass es unhöflich von einer Frau (und ebenso von einem Mann) sei, die Geste nicht zu erwidern.

Manche Frauen könnten allerdings aufgrund von kulturellen Gegebenheiten oder eines bestehenden Altersunterschiedes das Gefühl haben, es sei zu forsch, einem Mann als Erste die Hand zu geben. Das könne dem Mann »falsche Vorstellungen« vermitteln, befürchten sie. In einem solchen Moment hat man dann das Problem, dass sich zwei Menschen gegenüberstehen, die Angst haben, einander die Hand zu geben. Abgesehen von einigen religiös bedingten Ausnahmen stimmen die meisten Menschen, die ich zu dem Thema befragt habe, in diesem Punkt überein: Ganz gleich, wer den ersten Schritt macht – fast jeder mag diese Form des körperlichen Kontakts. Ein Händedruck ist für beide Parteien unbedenklich und unverfänglich. Persönliche Abwehrreaktionen kommen dabei in der Regel gar nicht erst auf und zwischen den Menschen entsteht eine Atmosphäre von Gleichheit und Aufgeschlossenheit. Persönlichere Formen der Berührung sollten mit Rücksicht auf die Kultur des anderen unbedingt auf warmherzige und nicht zu ungestüme Art und Weise erfolgen.

Wichtig ist auch, Gespräche in geschäftlichem und gesellschaftlichem Rahmen mit einem warmen und freundlichen Händedruck zu beenden. Verbinden Sie die Geste mit einem strahlenden Lächeln und einer freundlichen Aussage wie etwa: »Es hat mich wirklich gefreut, mit Ihnen zu sprechen!« Oder: »Lassen Sie uns bald wieder zusammenkommen.« Das ist eine hervorragende Art, ein Gespräch zu beenden, und hinterlässt sowohl bei Ihnen als auch bei Ihrem Gesprächspartner ein gutes Gefühl.

Ein freundlicher Händedruck, verbunden mit einem Lächeln und einem warmherzigen: »Hallo ... schön, Sie kennenzulernen!«, ist eine einfache und völlig akzeptable Art der Berührung, wenn Sie jemandem zum ersten Mal begegnen.

Schritt 5: Blickkontakt

Die wohl stärkste nonverbale Geste führt man mit den Augen aus. Direkter Blickkontakt zeigt, dass Sie Ihrem Gegenüber zuhören und mehr über ihn oder sie erfahren möchten. Mit Blickkontakt und einem freundlichen Lächeln übermitteln Sie die unmissverständliche Botschaft: »Ich würde mich gern mit Ihnen unterhalten und Sie näher kennenlernen.«

Blickkontakt sollte auf natürliche und nicht etwa gezwungene oder übertriebene Art erfolgen. Es ist völlig in Ordnung, eine Zeit lang Blickkontakt zu halten und dann wieder andere Teile des Gesichts des Gesprächspartners zu betrachten, vor allem den Mund. Wenn der andere lächelt, sollte man das Lächeln erwidern. Doch versuchen Sie, Ihrem Gesprächspartner zwischendurch immer mal wieder in die Augen zu schauen. Während man mit anderen spricht, ist es völlig normal, mal nach oben, mal nach unten und in eine andere Richtung zu schauen. Es ist nicht erforderlich, pausenlos Blickkontakt zu halten.

Zu viel Blickkontakt kann auch kontraproduktiv sein. Wenn Sie jemanden anstarren, kann das dem anderen unangenehm sein und er könnte sich fragen, welche Absichten Sie wohl verfolgen. Ein starrer Blick kann als aggressiv aufgefasst werden und als Herausforderung, wer den Blick wohl als Erster abwendet. Es ist nicht klug, Blickkontakt als eine Art Machtkampf einzusetzen, weil das in der Regel eine negative, abwehrende Reaktion erzeugt.

Man sollte sich auch im Klaren darüber sein, dass die Art, Blickkontakt zu halten, von Kultur zu Kultur unterschiedlich ist. Nordamerikaner und Europäer halten üblicherweise mittleren bis starken Blickkontakt. In Mexiko erweckt man hingegen Misstrauen, wenn man jemandem zu lange in die Augen schaut. In vielen asiatischen Kulturen gilt es sogar als Zeichen von Hochachtung, den Blick zu senken. In einigen Kulturen und Religionen im Nahen Osten und Asien ist es Frauen streng verboten, Blickkontakt mit Männern zu haben. (Mehr über kulturelle Unterschiede beim Blickkontakt finden Sie im 18. Kapitel unter: »Wie gut wissen Sie über die Gepflogenheiten anderer Kulturen Bescheid?«)

HÄUFIG GESTELLTE FRAGE

Mir ist es unangenehm, direkten Blickkontakt herzustellen. Was kann ich dagegen tun?

Wenn es Ihnen schnell unangenehm wird, Blickkontakt zu halten, können Sie Folgendes probieren: Beginnen Sie mit einem ganz kurzen Blickkontakt – vielleicht nur ein paar Sekunden. Schauen Sie in die Pupillen des anderen und lächeln Sie. Lassen Sie Ihren Blick dann über seine Gesichtszüge wandern, über Haare, Nase, Lippen und sogar über die Ohrläppchen! Das entspricht etwa einem Radius von 7,5 Zentimetern rund um die Augen. Schauen Sie Ihrem Gesprächspartner nach einigen Momenten wieder direkt in die Augen. Im Laufe des Gesprächs können Sie zwischen seinen beiden Augen hin- und herschauen und mit der Zeit dann länger direkten Blickkontakt halten.

Wenn man Blickkontakt vermeidet, kann das für beide Parteien unangenehm und verunsichernd sein; es erweckt schnell den Eindruck, man sei desinteressiert, unehrlich oder fände die Unterhaltung und die Gesellschaft des anderen langweilig. Folgerichtig verläuft das Gespräch meist kurz und unbefriedigend. Achten Sie also darauf, den Menschen, mit denen Sie sprechen, in die Augen zu schauen und damit die Botschaft zu übermitteln: »Ich bin aufmerksam und möchte gern mehr erfahren.«

Blickkontakt zeigt, dass Sie zuhören und sich für das Gesagte interessieren. Er signalisiert: »Ich höre zu - sprechen Sie weiter.«

Schritt 6: Kopfnicken

Mit einem Nicken zeigt man, dass man zuhört und versteht, was gesagt wird. So signalisiert man Zustimmung und ermuntert den anderen dazu, weiterzusprechen. Ein Kopfnicken, zusammen mit einem freundlichen Lächeln und einem netten »Hallo!«, ist eine hervorragende Art, Menschen auf der Straße oder anderswo zu grüßen. Wie von allen anderen Gesten einer offenen Körpersprache geht auch von dieser die Botschaft aus: »Ich bin freundlich gestimmt und möchte kommunizieren.«

Ein Kopfnicken zeigt, dass Sie zuhören und verstehen, was gesagt wird. Ein leerer Blick deutet hingegen darauf hin, dass Sie mit Ihren Gedanken woanders sind.

Im Gespräch bedeutet ein Nicken jedoch nicht automatisch Zustimmung. Wenn Sie sichergehen wollen, ob jemand dem, was Sie sagen, wirklich zustimmt, fragen Sie ganz direkt: »Sehen Sie das auch so?«

Körpersprache und das Spiegeln von Verhalten

Den meisten von uns ist es gar nicht bewusst, aber häufig spiegeln wir Körperbewegungen und Ausdrücke der Menschen, mit denen wir gerade sprechen. Zahlreiche Studien haben gezeigt, dass dieses Spiegeln die Unterhaltung fördert und die Verbindung zwischen den Gesprächspartnern stärkt. Wenn jemand, mit dem Sie gerade sprechen, lächelt, dann lächeln Sie auch. Beugt er sich auf seinem Stuhl leicht vor, um Interesse zu zeigen, tun Sie dasselbe. Wenn man positive Körpersprache spiegelt, werden dadurch meistens beide Gesprächspartner offener und gesprächiger. Spiegelt man allerdings eine negative oder geschlossene Körpersprache – verschränkte Arme, wenig Blickkontakt, kein Händedruck –, dann dürfte sich das Maß an Wohlbefinden, Verbundenheit und Vertrauen wohl eher reduzieren.

HÄUFIG GESTELLTE FRAGE

Wie sind gemischte körpersprachliche Signale zu verstehen?

Viele Menschen übermitteln mit ihrer Körpersprache in Gesprächen normalerweise eine Mischung aus Signalen von Aufgeschlossenheit und Verschlossenheit. So lächeln sie zum Beispiel an manchen Stellen der Unterhaltung, haben dabei aber die Arme verschränkt oder halten kaum Blickkontakt. Das Lächeln bedeutet: »Ich habe Interesse«, aber die verschränkten Arme und der sparsame Blickkontakt weisen auf Skepsis oder mangelndes Interesse hin. Statt daher einfach vorauszusetzen, man hätte die Sicht des anderen schon irgendwie begriffen, wenn dieser gemischte oder negative körpersprachliche Signale aussendet, sollte man lieber ein paar klärende Fragen stellen. Das gibt dem anderen die Möglichkeit, seine Sicht oder Empfindungen klarzustellen oder näher auszuführen. Man kann zum Beispiel sagen: »Erzähl' mir doch bitte etwas mehr über ...?« Oder: »Was meinen Sie damit, wenn Sie ... sagen?«

Gesamtheit der Kommunikation

Ihr Körper ergreift das Wort, noch bevor Sie es tun. Untersuchungen haben ergeben, dass mehr als zwei Drittel einer persönlichen Unterhaltung auf Körpersprache beruhen. Nimmt man diese mit dem Tonfall und den tatsächlich geäußerten Worten zusammen, kommt man auf die Summe dessen, was Kommunikation ausmacht.

Körpersprache + Tonfall + Worte = Gesamtheit der Kommunikation

Man sollte nicht außer Acht lassen, dass eine wirksame Kommunikation aus einer Kombination von Körpersprache, Tonfall und Worten besteht. Wenn Sie sich bemühen, die hier beschriebenen öffnenden Gesten im Zusammenspiel mit einem freundlichen Ton und einladenden Worten einzusetzen, machen Sie einen aufgeschlossenen Eindruck und strahlen Kontakt- und Gesprächsbereitschaft aus. Denken Sie aber auch daran, dass die nonverbalen öffnenden Gesten allein die verbale Kommunikation nicht ersetzen. Denn wenn Sie diese Gesten isoliert und nicht in ihrem Zusammenspiel betrachten, könnten Sie falsche Vorstellungen über die Aufgeschlossenheit Ihres Gesprächspartners gewinnen.

Etwas Übung und ein geschärftes Bewusstsein für Körpersprache versetzen Sie in die Lage, Signale der Aufgeschlossenheit auszusenden und zu empfangen und andere zu ermutigen, auf Sie zuzugehen und sich dabei wohlzufühlen. Achten Sie ab jetzt auf Körpersprache – auf die anderer Menschen und auf Ihre eigene. Dadurch werden Sie die öffnenden Techniken leichter erkennen und feststellen, wie aufgeschlossen andere Menschen wirklich sind – das vermindert obendrein die Wahrscheinlichkeit, zurückgewiesen zu werden. Halten Sie Ausschau nach Menschen mit einer offenen Körpersprache und begegnen Sie ihnen genauso, indem Sie die hier beschriebenen Techniken anwenden. Sie funktionieren wirklich!

2. Vier natürliche Wege, um das Eis zu brechen

Eine ideale Unterhaltung sollte ein Gedankenaustausch sein und nicht etwa, wie jene meinen, deren größte Sorge ihre eigene Unzulänglichkeit ist, eine eloquente Zurschaustellung von Witz und Redekunst.

Emily Post (1872–1960),
Schriftstellerin und Expertin für Etikette

Riskieren Sie etwas und grüßen Sie als Erster

Man geht schon ein gewisses Risiko ein, wenn man eine Unterhaltung mit einem Fremden beginnt. Viele Menschen fangen aus Angst vor Zurückweisung erst gar keine Gespräche an. Das hindert sie natürlich auch daran, auf andere zuzugehen. Man sollte aber nicht vergessen, dass es Teil des Lebens ist, Risiken einzugehen und Zurückweisungen zu erleben. Daher ist es kontraproduktiv, auf die Reaktionen anderer Menschen übersensibel zu reagieren. Was ist schon so schlimm daran, wenn Sie von jemandem, den Sie noch nicht einmal kennen, einen Korb bekommen?

Nehmen Sie die aktive Rolle ein

Wenn es gilt, ein Gespräch anzufangen, schlüpfen die meisten schüchternen Menschen in die passive Rolle. Sie warten und warten und hoffen, dass jemand vorbeikommt und sie anspricht. Treffen zwei schüchterne Menschen aufeinander, nehmen beide die passive Rolle ein und warten ab. Ergreift dann jemand anders zufällig das Wort, ist der Schüchterne oft so überrascht, dass er gar nicht weiß, was er sagen soll.

Um aus dieser Zwickmühle herauszukommen, empfiehlt es sich, bewusst von der passiven in die aktive Rolle zu wechseln. Sagen Sie als Erster »Hallo!« und ergreifen Sie die Initiative, indem Sie eine Unterhaltung anfangen. Stellen Sie sich anderen Menschen vor und teilen Sie ihnen Ihre Vorstellungen, Gefühle, Standpunkte und Erfahrungen mit. Sehen Sie sich nach vertrauten Gesichtern um und versuchen Sie, die Gedanken, Ansichten und Interessen der anderen zu ergründen. Je mehr Gespräche Sie anfangen, desto positivere Reaktionen werden Sie erhalten und Ihre Angst vor Zurückweisungen wird abnehmen. So ist es gut möglich, dass sich die Risiken, die Sie eingehen, bald auszahlen – in Form von neuen Kontakten und bedeutungsvolleren Gesprächen.

Als Erster zu grüßen hat auch den Vorteil, dass Sie so leichter die Richtung des Gesprächs bestimmen können und Ihr Gesprächspartner den Eindruck gewinnt, dass Sie selbstsicher, freundlich und aufgeschlossen sind. Obendrein wird er Ihren Wunsch, mit ihm ein Gespräch anzufangen, als Kompliment auffassen.

Vier Wege, um ein Gespräch zu beginnen

Stellen Sie eine offene oder eine geschlossene Frage.

Machen Sie eine positive oder heitere Bemerkung.

Machen Sie ein Kompliment und stellen Sie gleich darauf eine einfache Frage.

Stellen Sie sich vor.

Man kann ganz leicht das Thema wechseln, indem man sagt: »Vorhin erwähnten Sie ...« Oder: »A propos ...« Stellen Sie dann eine Frage oder sagen Sie etwas Allgemeines zu dem Thema, das Sie anhand von Schlüsselworten zuvor herausgehört haben.

Sprechen Sie an, was Ihnen auffällt

Eisbrecher Nr. 1: Geschlossene und offene Fragen zu gängigen Themen

Die leichteste Art, mit einem Fremden ins Gespräch zu kommen, ist eine gängige, einfach zu beantwortende Frage. Gängige Fragen sind ganz allgemein Fragen dazu, wo jemand lebt und arbeitet, auf die man nur kurze Antworten gibt. Gängige Fragen beziehen sich oft auf die Beschäftigung oder den Hintergrund eines Menschen, seine Bildung, Familienverhältnisse und auf seinen Werdegang, wie zum Beispiel: »Was machen Sie beruflich?« »Wo wohnen Sie?« »Was haben Sie studiert?«, »Wo sind Sie aufgewachsen?«

Die meisten Menschen beantworten solche gängigen Fragen bereitwillig, solange ihnen nicht zu viele auf einmal gestellt werden und die Fragen nicht zu persönlich sind. Schließlich handelt es sich um nichts anderes als schlichte Anfragen nach Hintergrundinformationen und es kostet wenig Zeit und Mühe, sie zu beantworten. Solche Fragen eignen sich sehr gut, um das Eis zu brechen und ein Gespräch zu beginnen. Wenn Sie darauf achten, was den anderen Menschen gerade bewegt, können Sie ohne Weiteres ein Thema ansprechen, das den Gesprächspartner interessiert. Denken Sie daran, dass Sie nicht nur Informationen über ihn sammeln wollen, sondern dem anderen zugleich signalisieren: »Sie interessieren mich, ich würde mich gern mit Ihnen unterhalten.«

Geschlossene, gängige Fragen erfordern nur kurze Antworten

Geschlossene, gängige Fragen verlangen normalerweise nur ein Ja oder Nein oder ein bis zwei Worte als Antwort. Es sind »Köder«-Fragen, weil wir warten, dass jemand bei einem bestimmten Thema »anbeißt«. Erhält man eine positive Antwort, kann man gleich noch eine Frage oder Bemerkung hinterherschieben, mit der man das Gespräch eröffnet. Geschlossene Fragen fangen oft so an: »Sind Sie ...?« »Haben Sie ...?« »Wer ...?« »Wo ...?« »Wann ...?« »Was ...?« »Wie ...?« oder »Welcher ...?«

Hier einige Beispiele für geschlossene gängige Fragen, die man überall dort stellen kann, wo man lebt, arbeitet oder seine Freizeit verbringt:

– *Wohnen Sie hier in der Nähe?*

– *Welche ist Ihre Lieblingsmannschaft?*

– *Wie heißen Sie / Ihr Hund/Ihre Katze?*

– *Wo kommen Sie her?*

– *Wer war noch auf der Party?*

– *Gefällt es Ihnen hier?*

– *Was würden Sie empfehlen?*

– *Sind Sie zum ersten Mal hier?*

– *Welches ... mögen Sie am liebsten?*

– *Wen kennen Sie bei ... , den ich auch kennen könnte?*

Geschlossene Fragen eignen sich als Eisbrecher und zur Beschaffung einiger Grundinformationen, aber sie sind noch wirkungsvoller, wenn direkt danach eine offene Frage folgt.

Geschlossene und offene Fragen stellen

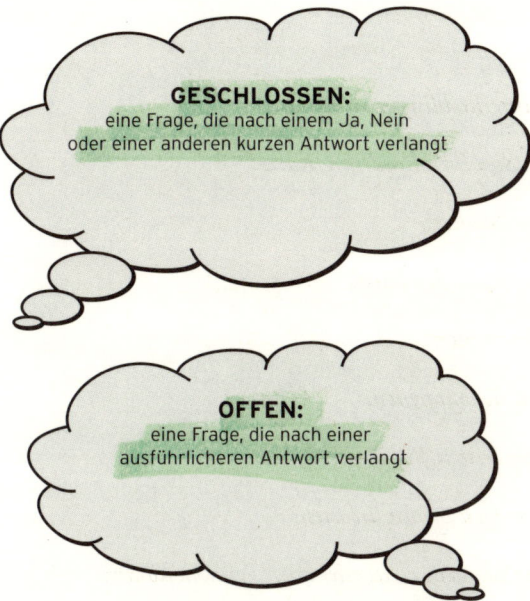

GESCHLOSSEN:
eine Frage, die nach einem Ja, Nein
oder einer anderen kurzen Antwort verlangt

OFFEN:
eine Frage, die nach einer
ausführlicheren Antwort verlangt

Offene Fragen erfordern eine ausführlichere Antwort

Offene Fragen ermuntern den anderen zum Erzählen. Sie ermöglichen es auch, Fakten, Meinungen, Gefühle und vor allem eine Menge Zusatzinformationen ans Licht zu bringen. Die Fragen beginnen oft mit: »Warum haben Sie sich dafür entschieden, ...?« »Wie kam das denn?« »Inwiefern ...?« »Wie haben Sie ...?« »Können Sie mir etwas über ... sagen?« oder »Warum ...?«

Hier einige Beispiele für offene Fragen, die man überall dort stellen kann, wo man lebt, arbeitet oder seine Freizeit verbringt:

– *Können Sie mir sagen, warum es Ihnen so geht?*

– *Wie hat sich ... aus Ihrer Sicht verändert?*

– *Wie sind Sie in diesen Arbeitsbereich hineingekommen?*

– *Warum haben Sie beschlossen, dorthin zu ziehen?*

– *Was führt Sie in unsere Stadt?*

– *Was tun Sie am liebsten an Ihren freien Tagen?*

– *Was mögen Sie an ... so besonders?*

– *Wie würden Sie mit dieser Situation umgehen?*

Mehr zu gängigen Fragen

Gängige Fragen ermöglichen uns, auf natürliche und entspannte Art Informationen über eine Person zu gewinnen. Beim Austausch mit jemand anderem über kleine Einzelheiten erfahren wir etwas über ihn. Gängige Fragen helfen uns bei der Beschaffung von Hintergrundinformationen und helfen uns, die »großen« Themen im Leben eines Menschen zu entdecken. Mithilfe von gängigen Fragen finden wir schnell heraus, ob wir jemanden gern näher kennenlernen möchten.

Stellen Sie gängige Fragen, wenn Sie das Eis brechen oder im Gespräch das Thema wechseln wollen. Wenn Sie auf eine gängige Frage eine knappe Antwort erhalten, stellen Sie gleich noch eine Frage – so lange, bis eine engagierte Antwort kommt. Haben Sie ein Interessengebiet des Gesprächspartners identifiziert, fahren Sie in jedem Fall mit offenen Informationsfragen fort, allerdings nicht wie aus der Pistole geschossen. Wenn einem Thema allmählich »die Luft ausgeht«, müssen Sie es nicht weiter diskutieren; stellen Sie lieber auf Grundlage der verfügbaren Informationen, die Ihnen der Gesprächspartner schon geliefert hat, eine neue gängige Frage.

Wenn Sie die Technik der gängigen Fragen bei Menschen, denen Sie begegnen, als Eisbrecher einsetzen, werden Sie feststellen, dass sie tatsächlich funktioniert. Es wird Ihnen nicht länger schwerfallen, als Erster zu grüßen. Ich mache meine gängigen Fragen gern an meiner unmittelbaren Umgebung fest und an

– dem, was der andere tut, trägt oder sagt,

– einem Gegenstand, den ich benötige oder suche,

– einem Gegenstand, den der andere benötigen oder suchen könnte,

– einem Gegenstand oder Thema, das meine Neugier weckt und das der andere mir eventuell erläutern kann.

Mit der Verwendung von geschlossenen und offenen gängigen Fragen gelingt es sicher, ein Gespräch in Gang bringen. Ich gehe dabei gern so vor, dass ich zuerst mit ein bis zwei geschlossenen Fragen »Köder« nach interessanten Gesprächsthemen auswerfe. Wenn ich eine positive Rückmeldung erhalte, ermuntere ich den Gesprächspartner mit einigen offenen Fragen, mehr ins Detail zu gehen. Meine Fragen gestalte ich einfach und direkt. Denn die meisten Menschen fühlen sich weitaus wohler, wenn sie bei der ersten Begegnung mit jemandem erwartbare, leichte Fragen beantworten können, anstatt mit komplizierten Fragen konfrontiert zu sein, deren Beantwortung sie bloßstellen könnte.

Anmerkung: Wenn Sie stets nur Ein- oder Zwei-Wort-Antworten von jemandem erhalten, liegt das wahrscheinlich daran, dass Sie zu viele geschlossene Fragen stellen. Versuchen Sie, einige offene Fragen einzustreuen, und schauen Sie, wie sich die Unterhaltung öffnet.

HÄUFIG GESTELLTE FRAGE

Wie breche ich das Eis bei einer Party oder einem Netzwerktreffen, wenn sich bereits zwei oder drei Leute miteinander unterhalten?

Treten Sie näher an die Menschen heran, die sich unterhalten, und zeigen Sie Interesse am Inhalt des Gesprächs. Stellen Sie viel Blickkontakt her, nicken und lächeln Sie, um den Gesprächsteilnehmern zu signalisieren, dass Sie mehr erfahren möchten. Wenn ein Redner merkt, dass Sie sich für das Thema interessieren, bezieht er Sie in der Regel als Zuhörer mit ein.

Sobald eine Pause entsteht oder ein Redner etwas sagt, auf das Sie eingehen können, werfen Sie eine Bemerkung oder eine Frage ein. Wenn Sie
einfache Informationsfragen stellen, werden Sie ganz direkte Antworten
erhalten. Fragen Sie zum Beispiel: »Und was haben Sie dann gemacht?«
Oder: »Wie kam es dazu?« Oder: »Das ist eine wirklich unglaubliche
Geschichte! Wie lange ist das her?«

Fünf Schritte, um in eine laufende Unterhaltung einzusteigen:

1. Schritt: Suchen Sie kleine, offene und freundlich wirkende
Gruppen aus.

2. Schritt: Begeben Sie sich in Hör- und Sichtweite zur Gruppe
(bis auf circa einen Meter)

3. Schritt: Stellen Sie Blickkontakt her und lächeln Sie den jeweiligen Redner an.

4. Schritt: Stellen Sie Fragen, machen Sie positive Bemerkungen oder
ein Kompliment, dem sie gleich eine Frage folgen lassen.

5. Schritt: Stellen Sie sich vor und fragen Sie: »Würde es Sie stören,
wenn ich hinzukomme?«

Vielleicht wenden Sie jetzt ein, so vorzugehen sei ein Eindringen in
ein Privatgespräch. Wenn man den Menschen aber gut zuhört und sie
aufmerksam beobachtet, stellt man schnell fest, ob sie aufgeschlossen
sind oder nicht. In vielen Fällen, vor allem bei Netzwerktreffen, sind
die meisten Teilnehmer gezielt auf der Suche nach anderen, um sich mit
ihnen auszutauschen, und ein Neuankömmling, der Interesse zeigt, ist
meist willkommen.

Vorsicht: Achten Sie darauf, nicht den Advocatus Diaboli zu spielen,
indem Sie um der Auseinandersetzung willen eine Gegenposition einnehmen. Das erzeugt im Gespräch leicht Spannung und eine Konkur-

renzsituation, aus der einer als Sieger und einer als Verlierer hervorgehen wird. Eine Gruppe von Fremden wird Sie sicher nicht als willkommene Bereicherung für das Gespräch ansehen, wenn Sie jemanden dumm aussehen lassen oder vor seinen Freunden oder Kollegen bloßstellen.

Das Eis brechen kann man überall

Immer wenn ich vor einem Restaurant stehe, frage ich einen Gast, der gerade hineingeht oder herauskommt: »Isst man hier gut?« Oder: »Kennen Sie die Spezialität des Hauses?« Oder: »Können Sie eine Vorspeise empfehlen?« Wenn ich auf einer Party bin, frage ich einen anderen Gast etwa: »Wie finden Sie den Dip?« Im Lebensmittelgeschäft frage ich einen anderen Kunden: »Wissen Sie zufällig, welche ... ich für ... verwenden kann?« Oder: »Ich suche ein paar Anregungen. Was kochen Sie heute Abend?« Oder: »Das sieht ja interessant aus. Wie bereitet man das zu?« Oder: »Können Sie mir vielleicht sagen, welche Sorte ... das hier ist?«

Neugier und Interesse an anderen zeigen

Wenn Sie jemanden an einem schicken Laptop arbeiten sehen, fragen Sie die betreffende Person, wie ihr das Gerät gefällt, wo sie es gekauft hat und welche Funktionen sie am praktischsten findet. Sehen Sie jemanden einen Reiseführer lesen, könnten Sie fragen, ob er eine Reise plant und was man an dem jeweiligen Ort Interessantes unternehmen kann. Diese Art Fragen kann man in fast allen Situationen stellen. Es ist eine unbedenkliche und freundliche Art, anderen zu zeigen, dass man gern ein Gespräch anfangen würde.

Informationssuche als einfache Art, das Eis zu brechen

»Entschuldigung, darf ich Sie etwas fragen?« ist eine natürliche Art, um mit einem Fremden ins Gespräch zu kommen. Wenn der andere dann lächelt und nickt, spreche ich weiter: »Ich suche ... hier im Stadtteil. Wissen Sie, ob es ... gibt?« Man kann das Eis auch brechen, indem man jemanden fragt, ob er Hilfe braucht. In der Nachbarschaft oder im Wohnhaus kann man sagen: »Suchen Sie jemanden? Vielleicht kann ich

Ihnen helfen.« Im DVD-Verleih können Sie anbieten: »Soll ich Ihnen einen guten Film zum Ausleihen empfehlen?«

Wenn Sie jemanden mit einem Tennisschläger sehen, könnten Sie ihn beispielsweise fragen:»Entschuldigung, aber könnten Sie mir sagen, wo man gut Tennisstunden nehmen kann?« Oder: »Wissen Sie, wo man gut spielen kann, ohne zu lange auf einen Platz warten zu müssen?« Oder: »Ich sehe, dass Sie genau so einen Tennisschläger haben, wie ich kaufen wollte. Welche Erfahrungen machen Sie damit?« Oder: »Sie spielen ganz offensichtlich Tennis. Das möchte ich auch lernen. Können Sie einen guten Schläger für einen Anfänger empfehlen?«

Eisbrecher Nr. 2: Eine positive oder heitere Bemerkung

Ist es abgedroschen, über das Wetter zu reden? Der große amerikanische Schriftsteller Mark Twain sah das anscheinend nicht so. Als er einmal unter der Markise eines Geschäfts stand und auf das Ende eines Regengusses wartete, sagte der Mann neben ihm: »Was für ein Sturm! Ob der je wieder aufhört?« Twain erwiderte: »Bisher hat's noch immer geklappt.« Dann fügte er noch hinzu: »Alle sprechen über das Wetter, aber keiner unternimmt etwas dagegen.«

Über das Wetter zu reden ist vermutlich die am weitesten verbreitete Art, um das Eis zu brechen, und was sollte auch dagegen sprechen? Dass es nicht sonderlich schlau ist oder keinen Erkenntnisgewinn bringt? Dass man damit nicht seinen Witz und seine Kreativität unter Beweis stellen kann? Und wenn schon. Alle, die behaupten, es sei langweilig, mit Aussagen über das Wetter das Eis zu brechen, haben nicht begriffen, worum es dabei überhaupt geht. Wenn Sie jemandem schlicht signalisieren möchten, dass Sie sich gern mit ihm unterhalten und Kontakt aufnehmen würden, reicht es völlig, etwa an einem heißen Tag zu einem Fremden zu sagen: »Wie schaffen Sie es nur, an einem so heißen Tag so frisch auszusehen?«

Ihre Aussagen verraten, wie Sie Ihre Umwelt sehen

Wenn Sie einem anderen Menschen gegenüber spontan einen Kommentar zu etwas abgeben, das Sie beide vor sich sehen, teilen Sie damit sofort eine gemeinsame Erfahrung – eine gute Grundlage für ein Gespräch. Der Trick, wie man aus einer kurzen Bemerkung eine Unterhaltung macht, besteht darin, positive, heitere Aussagen zu treffen und nicht etwa Beschwerden oder düstere Ansichten zu äußern. Denn bei dieser Art, das Eis zu brechen, verraten Sie sehr viel über Ihre eigene Einstellung. Wenn Ihre Bemerkungen eher negativ ausfallen, nimmt der Gesprächspartner an, dass Sie auch kein positives Bild von ihm haben. Deswegen ergeben sich aus Beschwerden nur selten längere Gespräche. Heitere Bemerkungen deuten dagegen auf Ihren Sinn für Humor hin und lassen Sie als einen freundlichen und attraktiven Gesprächspartner erscheinen.

Bei einem Konzertbesuch könnten Sie zum Beispiel Ihrem Sitznachbarn sagen: »Die Band ist toll! Ich wäre auch gern ein Rockstar!« Oder wenn Sie in der Unternehmenskantine beim Mittagessen an der Kasse Schlange stehen, könnten Sie sagen: »Die belegten Brötchen sind ja unglaublich groß! Ich würde Tage brauchen, um so eins zu verputzen.«

Etwas Witz verwandelt eine Allerweltsbemerkung in einen lustigen Kommentar

Keine Frage, ein kurzer Witz erleichtert den Beginn einer Unterhaltung. Einmal war einer meiner Freunde in einem Weinladen gerade unterwegs zum Ausgang; wenige Schritte vor ihm ging eine Frau mit ihrem kleinen Hund an der Leine. »Komm, Shakespeare, wir gehen jetzt nach Hause, es ist Zeit fürs Abendessen«, sagte sie zu dem Hündchen. Als beide aus dem Geschäft traten, sagte mein Freund beiläufig zu ihr: »Ach, das ist der Hund, der all die Theaterstücke geschrieben hat.« Die Frau kicherte und die beiden unterhielten sich kurz über Wein und Haustiere.

Hinweis: Halten Sie die Ohren offen für das, was Menschen sagen, und geben Sie dazu einen Kommentar ab, der auf Ihren Witz und Sinn für

Humor schließen lässt. Wer Menschen zum Lachen bringt, hat schon gewonnen, wenn es darum geht, ins Gespräch zu kommen.

Eisbrecher Nr. 3: Ein ehrliches Kompliment

Jeder freut sich über Komplimente und sie sind eine tolle Art, um das Eis zu brechen. Finden Sie zuerst etwas Interessantes an dem Menschen, den Sie ansprechen möchten, und machen Sie ihm dann freundlich und aufrichtig ein Kompliment dazu. Wenn man gleich darauf eine geschlossene Anschlussfrage stellt, die zum Thema passt, hat der andere die Gelegenheit, eine kurze Antwort zu geben. Eine Frage zu beantworten kann auch über die Verlegenheit hinweghelfen, in die einige Menschen geraten, wenn ihnen ein Fremder ein Kompliment macht.

Ein Kompliment, gefolgt von einer leichten, gängigen Frage,
ist ein guter Eisbrecher.

Ihre freundlichen Worte zeigen dem anderen, dass Sie ihn oder sie positiv sehen und zu dem Thema, das Sie angeschnitten haben, gern ein Gespräch anfangen würden. Einige Beispiele:

– Einer Kollegin, die Sie noch nicht näher kennen, könnten Sie als Frau sagen: »Sie sind jeden Tag so hübsch angezogen, dass ich Ihnen einfach mal sagen muss, wie sehr ich Ihre Garderobe mag. Darf ich fragen, wo Sie einkaufen gehen?«

– Jemanden, der in der Bank oder im Geschäft mit Ihnen in der Schlange steht, können Sie fragen: »Sie tragen ein wunderschönes Armband. Was sind das für Steine?«

– Im Fitness-Studio könnten Sie jemanden so ansprechen: »Sie sind ja in Topform. Welches Übungsprogramm machen Sie?«

– Jemanden, der mit dem Hund spazieren geht, könnten Sie fragen: »Sie haben einen schönen Hund. Welche Rasse ist das?«

– Mit einem neuen Arbeitskollegen könnten Sie folgendermaßen Kontakt aufnehmen: »Ich habe gestern Ihre erste Präsentation gesehen, sie hat mir sehr gefallen. Wo haben Sie gearbeitet, bevor Sie zu uns kamen?«

– Jemandem, der wie aus dem Ei gepellt aussieht, könnten Sie folgendes Kompliment machen: »Sie sehen umwerfend aus in diesem Outfit. Haben Sie etwas Besonderes vor?«

Komplimente machen – die Dos und Don'ts:

• Halten Sie Ihre Komplimente kurz und ehrlich.

• Übertreiben Sie nicht, fangen Sie nicht an zu schwärmen.

• Machen Sie anderen Komplimente zu ihrem Aussehen, ihren Aussagen und zu ihren Aktivitäten.

• Machen Sie keine zu persönlichen Komplimente (es sei denn, Sie kennen die Person gut).

• Wiederholen Sie nicht dauernd dasselbe Kompliment.

• Lassen Sie dem Kompliment eine Frage folgen, die zum Thema passt.

Komplimente entgegennehmen – die Dos und Don'ts:

- Nehmen Sie das Kompliment höflich an. Sagen Sie: »Wie nett von Ihnen.«

- Entkräften Sie das Kompliment auf gar keinen Fall, indem Sie sagen: »Wirklich? Finden Sie echt, dass dieser alte Lumpen toll aussieht?«

- Lächeln Sie und sagen Sie: »Danke.«

- Denken Sie nicht, dass derjenige, der Ihnen ein Kompliment macht, dafür eine Gegenleistung erwartet.

- Zeigen Sie sich erkenntlich für die positive Bemerkung und sagen Sie: »Danke, es freut mich, dass Ihnen das gefällt.«

HÄUFIG GESTELLTE FRAGE

Ich bin auf einer Cocktailparty und kenne niemanden. Doch außer mir scheint jeder jeden zu kennen. Wie gehe ich auf jemanden zu und fange ein Gespräch an?

Auf einer Party ein Gespräch anzufangen ist einfacher, wenn man sich vorher ein wenig Zeit für die mentale Vorbereitung nimmt. Es empfiehlt sich, in ein paar aktuellen Zeitungen und Zeitschriften nach ungewöhnlichen oder interessanten Geschichten zu suchen. Schauen Sie gezielt nach Artikeln, welche die Partygäste, von denen Sie wissen, dass sie kommen werden, interessieren könnten. Machen Sie eine kurze Liste mit Ereignissen, die sich gerade in Ihrem Leben abspielen und über die Sie mit anderen sprechen können. Denken Sie daran: Je mehr Gesprächsstoff man zu einer Party mitbringt, desto leichter wird es, das Eis zu brechen und ein Gespräch in Gang zu bringen.

Wenn Sie den Raum betreten, sehen Sie sich in der Menge nach freundlichen Gesichtern um und nach Menschen, die miteinander reden. Sie mögen denken, dass viele der Gäste alte Freunde sind, bloß weil sie lebhaft miteinander plaudern, dabei sind sie einander oft auch erst ein paar Minuten zuvor begegnet – glauben Sie also nicht, dass Sie der einzige Außenseiter wären. Stellen Sie häufig Blickkontakt her, lächeln Sie, achten Sie auf eine offene Armhaltung und darauf, mit den Händen nicht Teile Ihres Gesichts zu verdecken. Machen Sie eine Runde durch den Raum und beobachten Sie dabei die Leute: wenn Sie zum Büffet gehen, zur Bar oder dorthin, wo alle sich versammeln und miteinander reden. Halten Sie Ausschau nach Freunden oder Bekannten oder nach Menschen, die schon miteinander im Gespräch sind, dabei aber offen für andere wirken. Schlendern Sie zwanglos zu ihnen hinüber (sprechen Sie sie, falls bekannt, mit Namen an) und sagen Sie: »Hallo, wie geht's?« Oder: »Hallo! Na, das ist ja schon lange her. Wie geht es dir inzwischen?« Oder: »Hallo, ich heiße ...« oder: »Hi, haben wir uns nicht ... schon einmal getroffen? Ich heiße ...« Denken Sie daran, dass es weniger darauf ankommt, was Sie tatsächlich sagen, als auf Ihre Körpersprache, die signalisieren sollte, dass Sie sich gern unterhalten möchten.

Wenn Sie auf einer Party jemandem begegnen, den Sie gar nicht kennen, ist die leichteste Möglichkeit, das Eis zu brechen, sich vorzustellen und zu erzählen, woher Sie den Gastgeber kennen. Der andere geht meistens darauf ein. Hören Sie gut zu und achten Sie auf Aussagen und Stichworte, die auf ein gemeinsames Interesse oder eine Verbindung schließen lassen. Vielleicht arbeiten Sie ja beide in der gleichen Branche oder wohnen im gleichen Stadtteil, haben sich aber noch nie persönlich kennengelernt. Sie können auch Kommentare über das Essen, die Musik, die Bilder an den Wänden oder irgendetwas oder irgendjemanden in Ihrer unmittelbaren Umgebung abgeben – es müssen nur positive Aussagen sein! Hier einige Sätze, die sich dazu eignen, bei einer Cocktailparty ins Gespräch zu kommen. Sie können Folgendes sagen:

– Jemandem, der neben Ihnen am Buffet steht: »Wissen Sie, aus welchen Zutaten wohl diese köstlichen Häppchen bestehen? Sie sind fantastisch.«

– Wenn jemand im Takt der Musik mit dem Fuß wippt: »Sie sehen aus, als ob Ihnen die Musik gefällt. Mir gefällt sie auch, wollen wir tanzen?«

– Einer Person, die sich offensichtlich sehr viel Mühe mit ihrem Outfit gegeben hat: »Entschuldigung, aber ich muss einfach immer wieder Ihren schönen Schal anschauen. Sie haben ihn auch wunderbar gebunden.«

– Wenn jemand beim geselligen Teil einer geschäftlichen Veranstaltung allein dasteht: »Hallo, ich bin ... Übrigens bin ich neues Mitglied in der Vereinigung hier. Wie fanden Sie den Redner heute Abend?«

– Einem Gast, der eine Antiquität oder Nippes im Raum bewundert: »Ich liebe diese alten Spielsachen und Kleinigkeiten auch sehr. Der Gastgeber muss genauso oft auf Flohmärkten herumstöbern wie ich. Warum wohl so viele Leute Gefallen daran finden, die merkwürdigsten Dinge zu sammeln?«

– Auf der Tanzfläche: »Entschuldigung, aber es sieht einfach toll aus, wie Sie tanzen. Würden Sie mir wohl auch ein paar Schritte zeigen?«

Eisbrecher Nr. 4: Sich vorstellen

Sich vorzustellen und darauf eine Bemerkung oder Frage folgen zu lassen ist ein natürlicher und einfacher Weg, um das Eis zu brechen und bei geschäftlichen und gesellschaftlichen Anlässen oder bei Nachbarschaftstreffen ins Gespräch zu kommen. Wenn jemand aktiv wird und sich vorstellt, zeigt das, dass er selbstsicher ist und Kontakt zu anderen sucht.

Eine Pause – der ideale Zeitpunkt, um sich vorzustellen

Wann stellt man sich am besten vor? Im Allgemeinen gilt: Je länger man damit wartet, desto unangenehmer scheint das für die anderen Anwesenden zu sein. Je eher Sie also die Initiative ergreifen, desto besser. Wenn sich im Gespräch eine Pause ergibt, ist das ein guter Zeitpunkt, um zu sagen: »Ich heiße übrigens ... und Sie?« Es ist so gut wie sicher, dass der andere Ihnen bereitwillig antwortet. Geben Sie dem Betreffenden die Hand, lächeln Sie ihn freundlich an, wiederholen Sie seinen Namen und sagen Sie: »Schön, Sie kennenzulernen.« (Mehr zu dem Thema in Kapitel 5: »Die Kunst, sich Namen zu merken«.) Stellen Sie danach eine Frage oder gehen Sie auf die Antwort Ihres Gegenübers ein – und schon ist die Unterhaltung im Gang.

Geben Sie, wie bei anderen Eisbrechern auch, nur positive Kommentare ab und stellen Sie direkte Fragen, die leicht zu beantworten sind. Hier einige Beispiele:

– Bei einer Party: »Hallo, ich heiße ... Ich bin ein alter Freund des Gastgebers, und Sie?«

– Bei einer Netzwerkveranstaltung: »Wie geht es Ihnen? Ich heiße ... Wie hat Ihnen das Programm bisher gefallen?«

– Bei Geschäftstreffen: »Hallo, ich würde mich gern vorstellen. Mein Name ist ... und ich arbeite in der ...-Abteilung. Gehören Sie auch zum Unternehmen?«

– Im Stadtteil: »Hallo, ich wohne gleich hier um die Ecke. Ich heiße ... Und Sie?«

Wie Sie mit Zurückweisungen beim Eisbrechen umgehen können

Das Risiko, zurückgewiesen zu werden, auf ein Minimum beschränken: Achten Sie darauf, wer aufgeschlossen wirkt

Je häufiger Sie sich bemühen, Gespräche anzufangen, desto positiver werden die Reaktionen ausfallen. Natürlich gibt es immer auch einige Zurückweisungen. Niemand erntet ausschließlich Zuspruch. Sollten Sie also einmal zurückgewiesen werden, denken Sie nicht lange darüber nach, sondern nutzen Sie es als Lektion, um beim nächsten Mal Ihre Herangehensweise zu optimieren.

Der beste Weg, um möglichst selten Zurückweisungen zu erhalten, ist, darauf zu achten, wie aufgeschlossen die Menschen wirken, auf die Sie zugehen wollen. Versuchen Sie, ein Gespür dafür zu entwickeln, was den anderen gerade bewegt. Achten Sie auf eine offene Armhaltung, Blickkontakt und ein Lächeln. Achten Sie auf Menschen, deren Körpersprache Aufgeschlossenheit signalisiert, und gehen Sie freundlich und direkt auf sie zu, wenn Sie meinen, dass der Zeitpunkt stimmt.

Wenn Sie zum Beispiel bei einer Party oder einem Single-Treffen gern jemanden zum Tanzen auffordern möchten, halten Sie sich an die Leute, die bereits tanzen oder so aussehen, als ob sie gern tanzen würden. Warten Sie das nächste Lied ab und riskieren Sie es: Nähern Sie sich der Person, stellen Sie Blickkontakt her, lächeln Sie und fragen Sie, ob er oder sie tanzen möchte. Die Chancen stehen gut, dass sich die Person geschmeichelt gefühlt, weil Sie sie beachtet haben, und sie wird Ihre Aufforderung hoffentlich annehmen. Lautet die Antwort jedoch Nein, nehmen Sie das elegant mit einem Lächeln zur Kenntnis (lassen es an sich abperlen) und fordern jemand anderen auf. Wenn Sie weitermachen, wird früher oder später schon jemand einwilligen. Je häufiger Sie fragen, desto geschickter werden Sie in der Auswahl von Leuten, die so auf Sie reagieren, wie Sie es sich wünschen.

Ein philosophischer Blick auf Zurückweisungen

Wenn Sie auf Menschen zugehen und zurückgewiesen werden, sollten Sie das nicht als Ihren Fehler ansehen. Reagiert Ihr Gegenüber nicht so, wie Sie es sich wünschen, kann er oder sie viele Gründe dafür haben, die nicht das Geringste mit Ihnen zu tun haben. Vielleicht ist die Person beschäftigt, wartet gerade auf jemanden oder ist einfach nur schüchtern. Zurückweisungen gehören zum Alltag. Sie sollten Sie nicht davon abhalten, ein Gespräch mit anderen Menschen anzufangen. Wenn Sie positive Rückmeldungen erhalten, sind Sie auf dem richtigen Weg. Wann die sich einstellen, ist eine Frage der Häufigkeit Ihrer Kontakte und Ihrer Konversationsfähigkeiten. Zählen Sie nur die positiven Reaktionen und vergessen Sie die negativen.

So einfach ist die Philosophie, die Menschen mit Angst vor Zurückweisungen dabei helfen kann, Gespräche anzufangen. Wenn Sie es bisher nur sehr selten riskiert haben, das Eis zu brechen, und ein- oder
zweimal zurückgewiesen wurden, fallen die Zurückweisungen mehr ins
Gewicht. Tun Sie das aber häufiger, werden Sie sicher eine Mischung
aus aufgeschlossenen und ablehnenden Reaktionen erleben, wobei Ihnen die Zurückweisungen unwichtiger werden. Konzentrieren Sie sich
auf die positiven Reaktionen und schon bald wird es Ihnen leichter
fallen, aufgeschlossene Menschen als Gesprächspartner auszuwählen.
Sie haben wenig zu verlieren und viel zu gewinnen. Es ist nicht allzu
beängstigend, wenn man es riskiert, als Erster »Hallo!« zu sagen. Wenn
Sie die aktive Rolle einnehmen, übermitteln Sie die Botschaft: »Ich bin
freundlich gestimmt und möchte kommunizieren – wenn Ihnen auch
danach ist.«

3. Wer zuhört, weiß, was er sagen soll

Das einzige Mittel gegen Langeweile ist Neugier.
Gegen Neugier gibt es kein Mittel.

Dorothy Parker (1893–1967),
amerikanische Autorin, Dichterin und Kritikerin

Inzwischen haben Sie also das Eis gebrochen, einige gängige Fragen gestellt, ein paar positive Bemerkungen gemacht und sich vorgestellt. Hoffentlich ist Ihr Gegenüber darauf eingegangen, sodass Sie jetzt wissen, dass diese Person gern mit Ihnen reden möchte. Doch wie entwickelt man aus einigen wenigen Bemerkungen eine Unterhaltung, die länger als eine Minute dauert? Was kann man als Nächstes sagen, um das Gespräch in Gang zu bringen?

Das Geheimnis der Gesprächsführung – auf Schlüsselworte achten

Das Geheimnis, wie einem einfällt, was man sagen kann, nachdem das Eis gebrochen ist, sind die Schlüsselworte, die auf Themen, Fakten, Standpunkte, Gefühle und Erfahrungen hinweisen. Auf sie sollte man gleich nach der Begrüßung achten. Schlüsselworte heraushören, Folgefragen stellen und thematisch passende Bemerkungen machen – nach diesem Rezept kann sich eine Unterhaltung weiterentwickeln. Doch viele Menschen sind so stark mit Gedanken beschäftigt wie: »O Gott, ich muss gleich etwas sagen und weiß nicht, was!«, dass sie gar nicht hören, worüber der andere spricht. Überlegen Sie nicht, was Sie als Nächstes sagen sollten. Denn während Sie nachdenken, hören Sie nicht zu!

Schlüsselworte heraushören und nutzen

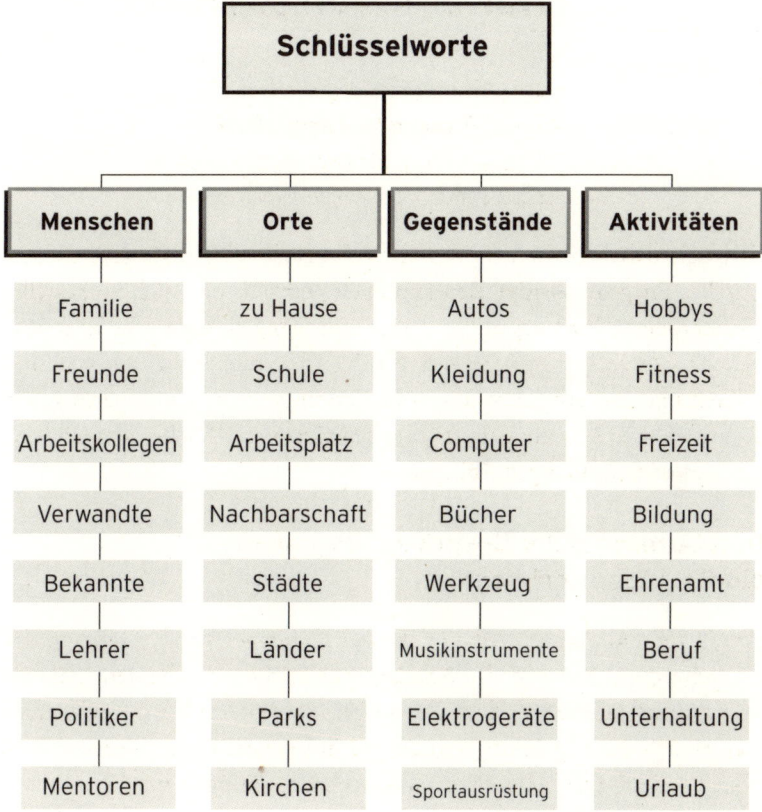

Fünf Tipps, um besser zuhören zu lernen

Die Komikerin und Autorin Fran Lebowitz sagte einmal scherzhaft: »Das Gegenteil von reden ist nicht zuhören, sondern warten.« Wohl jeder von uns hat sich schon hin und wieder zuschulden kommen lassen, dass er abgeschaltet hat, statt zuzuhören, als jemand anders sprach. Schlechtes Zuhören kann aber mehr als nur ein Gespräch vermasseln: Es kann Ihrer Karriere und Ihren Beziehungen ernsthaft schaden. Besser zuzuhören lässt sich lernen, wenn man diese Tipps befolgt:

– Tipp: Stellen Sie klärende Fragen.

– Tipp: Nehmen Sie frei verfügbare Informationen zur Kenntnis.

– Tipp: Bitten Sie um Beispiele.

– Tipp: Hören Sie auch auf das, was *nicht* gesagt wird.

– Tipp: Fassen Sie die Hauptpunkte zusammen.

Tipp 1: Stellen Sie klärende Fragen

Wenn Sie Folgefragen zur Klärung stellen, um mehr konkrete Fakten und Einzelheiten zu erfahren, zeigt das, dass Sie zuhören, aber noch mehr Informationen benötigen, um die Einstellung oder Absicht des Redners zu verstehen. Die Fragen können beispielsweise so aussehen:

– *Was meinen Sie, wenn Sie ... sagen?*

– *Was finden Sie an ... so großartig?*

– *Warum geht es Ihnen so ... damit?*

– *Möchten Sie sagen, dass ...?*

– *Wann wird das Ihrer Meinung nach geschehen?*

– *Wie kam es dazu?*

– *Was haben Sie dann gemacht?*

– *Was kam dabei heraus?*

– *Wer hat wem was gesagt?*

Wenn Sie abgelenkt werden oder die Umgebung so laut ist, dass Sie nicht hören können, was der andere sagt – oder auch wenn Sie noch einen Augenblick über Ihre Antwort nachdenken wollen –, können Sie sagen: »Entschuldigung, das habe ich nicht mitbekommen. Könnten Sie bitte noch einmal wiederholen, was Sie gerade gesagt haben?«

Tipp 2: Nehmen Sie frei verfügbare Informationen zur Kenntnis

Wenn wir uns mit jemandem unterhalten, teilen wir viel mehr mit, als uns bewusst ist. Die Informationen, die wir freiwillig preisgeben, nennen sich »frei verfügbare Informationen«. Sie sind das, worüber wir uns eigentlich am liebsten unterhalten wollen. Wenn wir Fragen stellen, die sich auf die von unserem Gegenüber gelieferten frei verfügbaren Informationen beziehen, zeigen wir ihm, dass wir zuhören. Die meisten Menschen fühlen sich wichtig und geschmeichelt, wenn man ihnen zuhört und auf ihre Äußerungen eingeht. Das schafft ein gutes Verhältnis und trägt dazu bei, dass der andere uns mag. Wenn Sie die Informationen aufgreifen, die Ihr Gesprächspartner freiwillig zur Verfügung stellt, ermuntern Sie ihn dazu, sich weiter zu öffnen und sogar noch weitere Gesprächsthemen zu nennen. Sie können zum Beispiel sagen:

- *Was Sie gerade gesagt haben, finde ich wirklich interessant.*

- *Warum ...?*

- *Ich entnehme dem, was Sie gerade sagten, dass ... Was hat Sie dazu veranlasst?*

- *Da Sie erwähnt haben, dass ... darf ich Sie nach ... fragen?*

- *Ich hätte nie geahnt, dass Sie ... Danke, dass Sie mir das erzählt haben.*

Tipp 3: Bitten Sie um Beispiele

Bitten Sie um Beispiele und nennen Sie selbst welche, die das Gesagte bekräftigen oder infrage stellen. Wenn Sie nicht sicher sind, was der andere sagen will, oder nicht verstehen, worum es geht, bitten Sie um ein Beispiel zur Verdeutlichung. Das können Sie so tun:

- *Wie zum Beispiel ...?*

- *Was ist damit gemeint?*

- *Woran kann ich das festmachen?*

– *Könnten Sie mir Ihre Vorstellung von einem guten ... beschreiben?*

– *Wie würden Sie das beschreiben?*

Tipp 4: Hören Sie auch auf das, was nicht gesagt wird

Herauszuhören, was Menschen im Gespräch nicht *sagen,* sondern *meinen,* ist genauso wichtig, wie den tatsächlich gesprochenen Worten zuzuhören. Um die impliziten Botschaften des anderen zu verstehen, müssen Sie genau hinhören, wo in der Unterhaltung zwischen den Zeilen sogenannte »Eisberg-Aussagen« auftauchen. Eine »Eisberg-Aussage« ist eine Bemerkung oder Information, bei der 90 Prozent des Inhaltes unter der Oberfläche bleiben und erst noch erfragt werden müssen. Eisberg-Aussagen bestehen meist auch nur aus ein bis zwei Wörtern und folgen oft auf die Beantwortung gängiger Fragen. Diese Aussagen weisen auf die Themen hin, über die Menschen eigentlich gern mit Ihnen reden würden, falls auch Sie dies wollen. Aussagen wie: »Sie werden nicht glauben, was mir passiert ist ...« oder »Raten Sie mal, was ich getan habe ...« senden Ihnen die Botschaft, dass Ihr Gesprächspartner gern mehr darüber erzählen würde.

Die Botschaft von Eisberg-Aussagen: »Stellen Sie mir mehr Fragen«

Hören Sie gezielt auf Eisberg-Aussagen

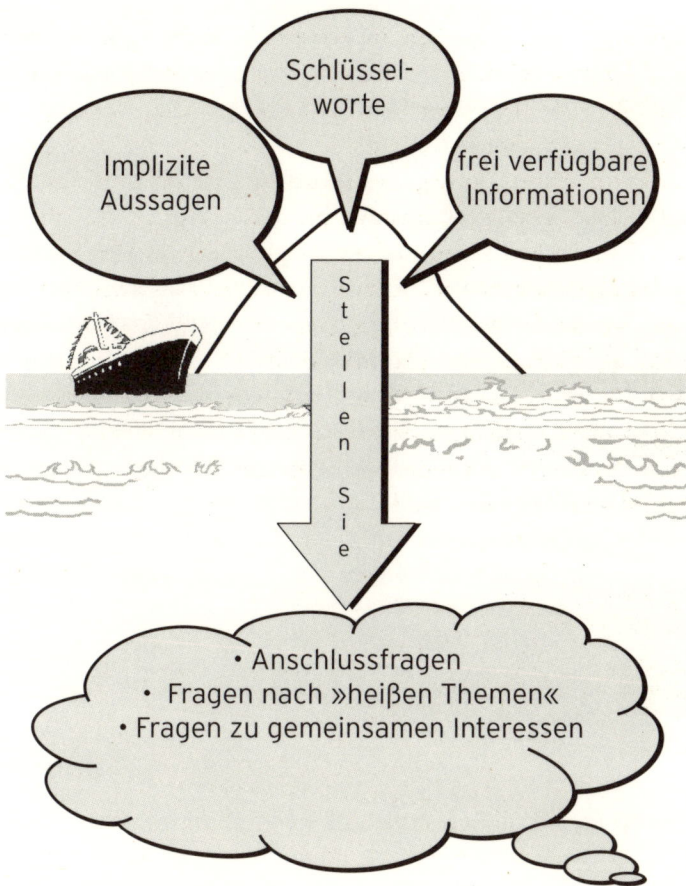

Wenn Sie eine Eisberg-Aussage heraushören, stellen Sie gleich eine Folgefrage zu dem entsprechenden Thema oder sagen Sie: »Was ist passiert?« Oder: »Was Sie nicht sagen! Wie war das denn?« Oder: »Warum haben Sie das gesagt?« Oder: »In welcher Hinsicht?« Oder: »Inwiefern?«

Achten Sie auf Eisberg-Aussagen, die auf ein ganzes Eisberg-Thema hinweisen, zum Beispiel:

– *Am Wochenende kommen meine Enkelkinder zu Besuch.*

– *Ich werde mir heute mit ein paar Leuten aus meinem Sprachkurs einen ausländischen Film anschauen.*

– *Hoffentlich wird das Wetter am Wochenende gut.*

– *Ich denke darüber nach, eine Fortbildung in ... zu machen.*

Tipp 5: Fassen Sie die Hauptpunkte zusammen

Es ist keine Seltenheit, dass Menschen im Gespräch vom Thema abschweifen. Wenn Sie gut zuhören, hilft das, das Hauptthema im Kopf zu behalten und von Zeit zu Zeit zusammenzufassen, was der andere gesagt hat. Das kann etwa so klingen:»Dem, was Sie erzählen, entnehme ich ... Liege ich da richtig?« Damit schulen Sie Ihre Fähigkeit, zuzuhören, und Sie können wichtige Einzelheiten und die Hauptgedanken des Gesprächs leichter im Gedächtnis behalten. Wenn Sie die Kernaussage Ihres Gegenübers begriffen haben, formulieren Sie sie noch einmal mit Ihren eigenen Worten. Sie können zum Beispiel sagen:

– *Wenn ich Sie richtig verstanden habe, möchten Sie ...*

– *Mal sehen, ob ich das richtig verstanden habe: Sie werden ..., richtig?*

– *Ihr Hauptargument ist also ..., stimmt das?*

Mehr Spaß im Gespräch durch aktives Zuhören

Hören Sie in jedem Gespräch aufmerksam zu. Indem Sie sich mit Fragen und Bemerkungen beteiligen, trainieren Sie Ihre Fähigkeit, zuzuhören und Einzelheiten und die Hauptgedanken im Sinn zu behalten. Zusätzlich wird sich Ihr Gesprächspartner wohler fühlen, weil Sie Interesse an seinen Ausführungen zeigen. Stellen Sie unbedingt eine Verbindung zwischen den neuen Informationen und Ihrem eigenen (Vor-) Wissen oder Erfahrungshintergrund her. Fragen Sie sich: Wie hängt das

Gesagte mit meinen eigenen Erfahrungen und meinem Verständnis in Bezug auf das Thema zusammen? Wenn Sie eine Verbindung zwischen Ihrem eigenen Wissen und den neuen Informationen herstellen, werden Ihnen ausreichend neue Fragen und Bemerkungen einfallen, um das Gespräch ohne Mühe fortzusetzen.

HÄUFIG GESTELLTE FRAGE

Wie erreiche ich, dass andere aufgeschlossener für mein Anliegen werden?

Eine Möglichkeit, jemanden dazu zu bewegen, sich mit Ihren Ideen oder Ansichten zu befassen, besteht darin, sich zunächst seine Meinung zu dem betreffenden Thema anzuhören. Dazu könnten Sie beispielsweise fragen: »Darf ich Sie nach Ihrer Meinung zu einem Thema fragen, das mich schon eine ganze Weile beschäftigt? Was halten Sie von ...?« Dadurch wird sich nicht nur Ihr Gesprächspartner ernst genommen fühlen, sondern Sie gewinnen eine Vorstellung davon, wie aufgeschlossen er für Sie oder Ihre Vorstellungen ist. Daran können Sie anknüpfen: »Es ist interessant, was Sie sagen, denn ich sehe die Angelegenheit so ... Was meinen Sie dazu?« Indem Sie sich zuerst die Sichtweise des Gesprächspartners anhören, projizieren Sie Ihre eigene Aufgeschlossenheit auf ihn – so wird auch er offener für Ihre Vorstellungen.

Gutes Zuhören erfordert Übung und Konzentration

Aktives Zuhören muss man üben. In dem Maße, wie Sie darin Übung bekommen, werden sich Ihre Kommunikationsfähigkeiten insgesamt verbessern. Wenn Sie zuhören und interessierte Fragen stellen, wird sich der andere wohler dabei fühlen, sich Ihnen gegenüber zu öffnen. Wenn Sie die Begeisterung eines Menschen für ein Thema teilen, indem Sie ihm genau zuhören, geben Sie ihm damit grünes Licht, um fortzufahren. Aktives Zuhören übermittelt die Botschaft: »Was Sie sagen, interessiert mich: Erzählen Sie weiter, ich möchte mehr erfahren!«

4. Sagen Sie anderen, wer Sie sind

Ich kann Ihnen sagen, als Kind wurde ich immer abgelehnt.
Nicht einmal mein Jo-Jo kam zu mir zurück.

Rodney Dangerfield (1921–2004),
amerikanischer Schauspieler und Komiker

Legen Sie großen Wert auf den Schutz Ihrer Privatsphäre? Wenn ja, liegt das erstens daran, dass Sie fürchten, andere Menschen könnten sonst sehen, wer Sie wirklich sind, und schlecht über Sie denken? Oder zweitens daran, dass Sie meinen, zu viel Vertraulichkeit schade nur und es sei besser, sich bedeckt zu halten? Oder liegt es drittens daran, dass jemand, der zu viele persönliche Informationen von Ihnen erhält, diese auch gegen Sie verwenden könnte?

In der Tat ist es klug, vorsichtig damit umzugehen, was Sie Menschen, die Sie gerade erst kennengelernt haben, über sich erzählen. Wenn Sie sich jedoch allzu bedeckt halten, entsteht leicht der Eindruck, dass Sie etwas zu verbergen haben. Denn zu einem guten Gespräch gehört mehr, als sich gegenseitig Fragen zu stellen und Aussagen zu machen. Wenn Sie einer Unterhaltung von zwei Menschen, die sich gerade besser kennenlernen, aufmerksam zuhören, werden Sie feststellen, dass beide private Informationen preisgeben, aus denen sich ein Bild ihrer Persönlichkeit ergibt. Diese Enthüllungen, auch *Selbstoffenbarungen* genannt, erfolgen in allen Phasen einer Beziehung, doch am entscheidendsten sind sie in den ersten Minuten einer Unterhaltung, wenn sich herausstellt, ob man einander näher kennenlernen will oder nicht.

Durch Selbstoffenbarungen lernen andere Sie so kennen, wie Sie es gern hätten

Niemand erwartet von Ihnen (oder will), dass Sie Ihre größten Ängste oder Geheimnisse preisgeben, doch wenn Sie sich Gespräche mit mehr Tiefgang wünschen, sollten Sie sich darauf einstellen, nach und nach etwas aus Ihrer Lebensgeschichte zu erzählen und deutlich zu machen, was Ihnen wichtig ist. Von den persönlichen Informationen, die Sie preisgeben, hängt ab, wie andere Sie kennenlernen – wie viel Sie erzählen wollen, ist allein Ihre Entscheidung. Zeigen Sie ruhig Ihre Begeisterung, wenn Sie über Ihre Interessen sprechen, und teilen Sie dem anderen Schritt für Schritt etwas über Ihren persönlichen Hintergrund mit – Ihre familiäre Situation, Ihre Ziele, Ihre Arbeit und vor allem Ihre »Schlüsselthemen« oder Leidenschaften. (Mehr über »heiße« Themen finden Sie im 6. Kapitel.) Es ist allerdings ratsam, offene Aussagen zu den Themen Gesundheit, Finanzen, familiäre Schwierigkeiten, Probleme am Arbeitsplatz oder juristische Auseinandersetzungen so lange für sich zu behalten, bis Sie Ihren Gesprächspartner näher kennen.

Mit anderen über Ihren Beruf sprechen

Einigen Menschen ist es unangenehm, wenn man ihnen die durchaus gängige Frage stellt: »Und was machen Sie so beruflich?« Denn sie fürchten, der andere könne sich ein klischeehaftes Bild von ihnen machen oder Vermutungen über sie anstellen, die darauf basieren, wie sie ihren Lebensunterhalt bestreiten. Niemand mag es, in eine Schublade gesteckt zu werden, doch wenn Sie ärgerlich oder unwillig auf die Frage nach Ihrer beruflichen Tätigkeit reagieren, bremsen Sie damit das Gespräch. Obwohl ich auf keinen Fall empfehlen würde, diese Frage gleich als Erstes zu stellen, wenn Sie jemanden kennenlernen, ist es ratsam, für alle Fälle eine kurze Antwort darauf parat zu haben.

Wenn Sie gern über Ihre Beschäftigung sprechen, geben Sie dazu einige frei verfügbare Informationen und hören Sie dann, ob Ihr Gesprächspartner mehr erfahren möchte. Wenn Sie ein paar Sätze zu Ihrem Arbeitsgebiet gesagt haben, ist es völlig in Ordnung, zu sagen: »Jetzt haben Sie etwas über meine Arbeit erfahren. Und was machen Sie?« Wenn Sie nur ungern über Ihren Beruf sprechen, beantworten Sie die Frage danach trotzdem mit ein paar Worten. Fügen Sie dann ein paar frei verfügbare Informationen zu Themen hinzu, über die Sie lieber sprechen würden. Das könnte so klingen: »Um meine Rechnungen zu bezahlen, arbeite ich als ..., meine wahre Leidenschaft gilt aber ...!« Dann können Sie noch weitere Grundinformationen geben und das Gespräch auf das Thema lenken, über das Sie am liebsten sprechen würden.

Wenn der andere Ihnen schon mitgeteilt hat, wie er seinen Lebensunterhalt bestreitet, Sie aber lieber nichts über Ihre Einkunftsquellen sagen wollen, kann das verdächtig wirken oder der andere könnte das Interesse an Ihnen verlieren. Letztlich werden Sie solche grundlegenden Informationen nicht lange für sich behalten können, wenn Sie sich ernsthaft mit jemandem anfreunden wollen.

Viele Menschen, die nicht gern darüber sprechen, wie sie ihren Lebensunterhalt verdienen, mögen auch andere gängige Hintergrundfragen nicht. Sie finden solche Informationen öde und langweilig und würden sie am liebsten vermeiden. Stattdessen möchten sie gleich über tief greifende und wichtige Themen diskutieren und ihre Werte und Überzeugungen dazu darlegen. Doch Unterhaltungen, welche die übliche Phase der Selbstoffenbarung überspringen, werden kaum eine tiefere und bedeutsamere Ebene erreichen.

Mal ehrlich: Was haben Sie schon zu verlieren?

Wenn Sie sich einmal anschauen, welche Einzelheiten in Gesprächen tatsächlich preisgegeben werden, sind das keineswegs Geheimnisse, die streng gehütet werden müssten. Es ist nahezu unmöglich, enge oder wichtige Beziehungen aufzubauen, wenn keiner sich persönlich offenbart und wenn nicht das Gefühl aufkommt, man könne einander vertrauen. Vertrauen entsteht dann, wenn man bereit ist, dem anderen etwas Persönliches mitzuteilen. Obwohl es sich vor allem im beruflichen Umfeld empfiehlt, Gefühle und Persönliches für sich zu behalten, kann es kontraproduktiv sein, im Privatleben genauso vorsichtig damit umzugehen. Es gibt zwar immer auch Menschen, welche die persönlichen Offenbarungen eines anderen ausnutzen, doch die meisten werten sie als Zeichen des Vertrauens. Wenn man Ihnen das nächste Mal eine Frage zu Ihrem persönlichen Hintergrund stellt, geben Sie etwas über Ihre Person preis, das ein wenig verdeutlicht, wer Sie sind. Das ermöglicht tiefer gehende Gespräche und persönlichere Beziehungen. Denken Sie daran, dass Sie keine grundlegende Analyse Ihrer Lebensgeschichte präsentieren müssen, sondern nur die Spitze des Eisbergs.

Vier Ebenen der Selbstoffenbarung, die zu besseren Beziehungen führen

Selbstoffenbarung findet auf vier Ebenen statt. Auf den ersten drei Ebenen bewegen wir uns im Allgemeinen, wenn wir andere Menschen die ersten paar Male treffen. Hier spielt sich Folgendes ab: Begrüßungsrituale, der Austausch von Hintergrundinformationen, Meinungen und Vorlieben. Auf der vierten Ebene der Selbstoffenbarung geht es dann um tiefere Gefühle und persönliche Erfahrungen. Auf diese Gesprächsebene sollten Sie sich nur mit Menschen begeben, die Sie besser kennen und denen Sie guten Gewissens persönlichere Informationen anvertrauen können.

Ebene 1: Begrüßungsrituale: Wie aufgeschlossen und kontaktbereit ist Ihr Gesprächspartner?

Die erste Ebene der Selbstoffenbarung ist ein Begrüßungsritual. Hierbei kommt es zu sehr allgemeinen Äußerungen und Reaktionen wie zum Beispiel auf die Fragen: »Wie geht es Ihnen?«, »Was gibt's Neues?«, »Wie ist es in letzter Zeit gelaufen?« und »Was macht die Familie?«. Obwohl diese Fragen meist mit »Sehr gut!« oder »Ausgezeichnet!« beantwortet werden, könnten Sie dann und wann auch weniger gut gelaunte Antworten zu hören bekommen wie: »Es geht so.« Oder: »Es war schon mal besser.« In beiden Fällen bieten diese allgemeinen Selbstoffenbarungen eine hervorragende Möglichkeit, um einzuschätzen, wie aufgeschlossen und gesprächsbereit der andere ist.

Ebene 2: Hintergrundinformationen machen deutlich, woher Sie kommen und was Sie tun

Nach den Begrüßungsformeln tauschen Menschen normalerweise einige grundlegende Informationen zur Person miteinander aus. Streuen Sie ins Gespräch ein, welchen Beruf Sie haben, was Ihnen Freude macht, woher Sie kommen, wo Sie zur Schule gegangen sind und wo Sie gewohnt haben. Geben Sie ein paar Informationen über Ihre Familiengeschichte, nennen Sie gegebenenfalls Ihre Staatsangehörigkeit, erzählen Sie, welche Hobbys Sie haben und welchen Projekten oder

Aktivitäten Sie gerade mit Begeisterung nachgehen. Diese zweite Ebene der Selbstoffenbarung liefert den Gesprächspartnern Anhaltspunkte, um mehr übereinander herauszufinden und Vergleiche anstellen zu
können. An diesem Punkt beginnen die Menschen, einander kennenzulernen. Meist stellen sie in dieser Phase des Gesprächs auch fest, dass
sie etwas gemeinsam haben.

Um beispielsweise eine Momentaufnahme von Ihrem familiären Hintergrund zu liefern, können Sie sagen: »Geboren und aufgewachsen bin
ich in ... – zusammen mit meiner älteren Schwester. Meine Mutter wurde in ... geboren und verbrachte dort auch ihre Kindheit. Die Familie
meines Vaters kommt aus ...«

Sprechen Sie über Ihre Hoffnungen, Träume, Vorlieben, Freuden und Sorgen,
damit sich andere Menschen mit Ihnen identifizieren können. Wir alle kennen
solche grundlegenden emotionalen Erfahrungen.

Ebene 3: Vorlieben und Meinungsäußerungen verraten viel über unsere Geisteshaltung und Wertvorstellungen

Auf der dritten Ebene der Selbstoffenbarung äußert man seine private Meinung und Sichtweise zu bestimmten Themen. Auf dieser Ebene können Sie Ihre Geisteshaltung, Wertvorstellungen und Anliegen zum Ausdruck bringen. Sie können anderen ehrlich sagen, was Sie über die Welt, in der wir leben, denken. Äußern Sie Ihre Ideen auf eine offene Art und ermuntern Sie andere, ebenfalls ihre Meinung zu verschiedenen Themen zu sagen. Im Allgemeinen haben alle Menschen am liebsten mit Gleichgesinnten zu tun. Denn mit ihnen können sie sich identifizieren und in Verbindung treten, wenn sie über ihre Vorlieben, Ansichten, Ziele, Hoffnungen und Träume sprechen. Wenn Sie anderen beispielsweise erzählen wollen, welches langfristige Ziel Sie verfolgen oder wovon Sie träumen, können Sie sagen: »Ich habe schon immer davon geträumt, ... und genau das werde ich jetzt tun.« Oder: »Ich arbeite schon seit Jahren an ..., und jetzt bin ich damit fast fertig!« Oder auch: »Momentan beschäftige ich mich mit etwas, das ich schon seit Langem tun will, und das ist ...«

Denken Sie jedoch daran, keine zu radikalen politischen oder religiösen Ansichten zu äußern. Wenn Sie zum Beispiel Ihre politischen Präferenzen zum Ausdruck bringen wollen, können Sie sagen: »Ich gehöre der ... Partei an.« Oder: »Bei den Wahlen hängt meine Entscheidung vom Kandidaten ab und nicht von der Partei.« Um anderen Ihre religiösen Ansichten mitzuteilen, können Sie sagen: »In Bezug auf die Religion wurde ich ... erzogen. Heute gehe ich in die … Kirche.« Oder: »Ich gehöre keiner bestimmten Religionsgemeinschaft an.«

Einige Menschen äußern lieber gar keine persönlichen Ansichten, weil sie niemandem zu nahe treten wollen und nicht rechthaberisch wirken möchten. Doch auch wenn Sie nur die Absicht haben, keine zu drastischen Aussagen zu treffen, Ihre Meinung lieber für sich zu behalten, und darum vielleicht sagen: »Das spielt für mich keine Rolle«, erzeugt das den Eindruck, dass Ihnen das Thema gleichgültig ist oder dass Sie nicht genügend Selbstvertrauen haben, um Ihre Meinung zu sagen.

Meinungen und Vorlieben zu äußern gibt den Menschen die Chance, einander auf einer tieferen Ebene näher kennenzulernen.

Auf dieser Gesprächsebene können Sie beispielsweise sagen: »Ich sehe die Situation folgendermaßen ... Und Sie?« Oder: »Was ... betrifft, ziehe ich ... vor. Was mögen Sie lieber?«

Ebene 4: Äußerungen über Befindlichkeiten und persönliche Erfahrungen bringen sensible Themen, tiefere Gefühle und wichtige Erfahrungen ans Licht

Auf der letzten Ebene der Selbstoffenbarung sind Ihre persönlichen Empfindungen gefragt: Es geht um Menschen, Ereignisse und auch persönliche Erfahrungen, die in Ihrem Leben eine wichtige Rolle gespielt haben – im Guten wie im Schlechten. Darüber zu sprechen ist für uns am schwierigsten, weil wir hier Emotionen offenbaren und sensible Themen ansprechen müssen. Obwohl es schwierig – und riskant – sein kann, Gefühle zu zeigen und über bestimmte persönliche Erfahrungen zu sprechen, vermittelt das anderen Menschen ein klareres Bild davon, wer Sie sind und was Ihnen wichtig ist. Wenn Sie Ihre Ängste, Hoffnungen, Träume, Vorlieben, Freuden und Sorgen zum Ausdruck bringen, können andere Menschen sich mit Ihnen identifizieren, zumal wir alle recht ähnliche grundlegende emotionale Erfahrungen gemacht haben.

Sie können zum Beispiel sagen: »Als ich ... war, hatte ich solche Angst, dass ich ...« Oder: »Über dieses Thema kann ich mich aufregen, weil ...« Oder: »Das habe ich ganz direkt zu spüren bekommen und ich kann Ihnen sagen, es war gar nicht so einfach, damit fertigzuwerden.«

Offenbaren Sie jedoch nicht allzu persönliche Empfindungen, Ansichten oder Erfahrungen, wenn Sie auf den vorherigen drei Ebenen noch nicht so viel von sich gezeigt haben, dass gegenseitiges Vertrauen und ein gutes Verhältnis entstehen konnten. Wichtig ist auch, das Gespräch nicht in eine Therapiestunde zu verwandeln. Viele Menschen machen übrigens auch den weitverbreiteten Fehler, *du* oder *man* zu sagen statt *ich*. Da es darum geht, was Sie über sich selbst preisgeben, leiten Sie es auch mit den entsprechenden Worten ein, nämlich: »Ich habe das Gefühl (denke, möchte usw.) ...«

Was Sie noch zum Thema Selbstoffenbarung wissen sollten

Die meisten Menschen sind neugierig auf andere und wünschen sich zumindest lockeren und persönlichen Kontakt zu ihnen. Diesen sehr wichtigen Kontakt stellen Sie her, indem Sie einem anderen Menschen Informationen aus einigen Bereichen Ihres Lebens mitteilen. Dabei sollten Sie zwei Punkte im Gedächtnis behalten:

– **Offenbaren Sie sich nach und nach.** Wenn man zu viel auf einmal von sich preisgibt, kann das den Zuhörer überwältigen. Wir haben alle schon einmal Menschen erlebt, die uns in zermürbenden Details ihre Lebensgeschichte schilderten – und wir wissen, wie unangenehm und oft langweilig das sein kann. Ihr Gespräch mit Menschen, die Sie kennenlernen, bleibt besser im Fluss, wenn Sie Hintergrundinformationen und Erfahrungen nach und nach mitteilen, und zwar immer so, wie es zur jeweiligen Situation passt. Wenn Sie zum Beispiel auf einer Hochzeitsfeier sind, könnten Sie Ihrem Gesprächspartner mitteilen: »Ich bin ... Jahre verheiratet.« Oder: »Ich bin seit ... geschieden.« Oder: »Ich bin noch auf der Suche nach der Richtigen.« Oder: »Unter einer guten Ehe verstehe ich ...«

– **Präsentieren Sie ein realistisches Bild von sich selbst.** Erinnern Sie sich noch, wann Sie zuletzt jemanden getroffen haben, der sich große Mühe gab, zu zeigen, wie clever, talentiert oder erfolgreich er war? Hat das auf Sie positiv gewirkt oder waren Sie nur mäßig beeindruckt? Wenn Sie Ihre Qualitäten besonders hervorheben oder übertrieben darstellen, werden andere bald feststellen, dass Sie kein realistisches Bild von sich selbst zeichnen. Genauso ist ein erstes Treffen nicht der richtige Zeitpunkt, um eigene Schwächen oder persönliche Niederlagen zu gestehen. Stattdessen kann man einige Herausforderungen benennen, denen man sich gegenübersah, und ein paar Worte dazu sagen, wie man an den Punkt gelangte, an dem man heute steht. Das verdeutlicht dem Menschen, den Sie gerade kennenlernen, wer Sie sind, ohne dass es übertrieben klingt oder dass Sie sagen: »Hier stehe ich – mit allen meinen Fehlern und Schwächen.«

HÄUFIG GESTELLTE FRAGE
Wie erklärt man jemandem auf höfliche Art, dass seine Fragen zu persönlich sind?

Ganz allgemein gilt es als unhöflich, anderen, die man gerade erst kennenlernt, allzu private Fragen nach ihren Finanzen, ihrer Gesundheit und ihren Beziehungen zu stellen, doch manche Menschen tun es trotzdem. Seien Sie nicht überrascht, wenn das geschieht, sondern haben Sie eine Antwort parat. Wenn Ihnen eine Frage gestellt wird, die Sie lieber nicht beantworten wollen, sagen Sie einfach: »Wenn es Ihnen nichts ausmacht, möchte ich dazu lieber nichts sagen.« Die meisten werden diese Antwort akzeptieren – als höfliche Art, zu sagen: »Kümmern Sie sich um Ihre eigenen Angelegenheiten.« Wenn man Sie fragt, was etwas gekostet hat und Sie das lieber nicht beantworten möchten, sagen Sie: »Das kann ich Ihnen wirklich nicht sagen, es war ein Geschenk.« Oder mit einem Augenzwinkern: »Es hat wahrscheinlich viel zu viel (oder: nicht genug) gekostet!«

Sie haben das gute Recht, die Beantwortung einer Frage, die Ihnen zu persönlich ist, abzulehnen. Wenn Sie das allerdings tun, ist es Ihre Aufgabe, dem Gesprächspartner mit einer anderen Frage oder einem Themenwechsel den Ball erneut zuzuspielen.

Anderen zu erzählen, wer wir sind, schafft persönliche Verbindungen

Der Umfang, in dem Sie wichtige Informationen mit jemandem austauschen, den Sie gerade kennenlernen, wirkt sich unmittelbar darauf aus, wie eng Ihre Verbindung wird. Wenn Ihr Austausch alle vier Ebenen der Selbstoffenbarung durchläuft, werden Sie einander besser kennenlernen, und zwar so, wie es Ihren eigenen Vorstellungen entspricht. Dadurch stellen Sie auch die Weichen für längere und wichtigere Gespräche.

5. Die Kunst, sich Namen zu merken

*Die meisten Menschen kennen bei diesem Thema ihre eigenen Probleme
zu gut, um anderen die ihren anzukreiden. Und selbst wenn
sie ihnen dafür gern eine schlechte Note verpassen würden, wüssten sie
noch nicht einmal, neben welchen Namen sie die schreiben sollten.*

Judith Martin, auch bekannt als »Miss Manieren« (geb. 1938),
Autorin und Benimm-Expertin

Wie Sie in nur fünf Sekunden einen hervorragenden ersten Eindruck machen

Fünf Sekunden – länger braucht man nicht, um sich vorzustellen und
sich den Namen des anderen zu merken. Fünf Sekunden! Gibt es einen
schnelleren Weg, um eine geschäftliche oder gesellschaftliche Beziehung anzubahnen?

Der bekannte Autor und Redner Dale Carnegie sagte einmal: »Was in
jeder Sprache am schönsten klingt, sind die Namen von Menschen.«
Keine Frage – Menschen fühlen sich geschmeichelt, wenn man sich
an ihren Namen erinnert. Wenn Sie sich den Namen von jemandem
gemerkt habe, den Sie kurz zuvor kennengelernt haben, vermitteln Sie
ihm das das Gefühl, wichtig und besonders zu sein, und das Gespräch
gewinnt an zwischenmenschlicher Wärme und Freundlichkeit. Mit einem
guten Namensgedächtnis zeigen Sie auch, dass Sie zuhören; Sie
stellen ein gutes Verhältnis zu neuen Bekannten her und können leichter
die Grenze überwinden, die Sie von Fremden trennt.

Möchten Sie Ihr Namensgedächtnis verbessern?

Wie oft haben Sie schon mit jemandem gesprochen, den Sie bereits ein-
oder mehrmals getroffen haben und an dessen Namen Sie sich einfach
nicht erinnern konnten? Oder Sie konnten in einer Vorstellungsrunde
unter Freunden oder Bekannten den Namen einer Person einfach nicht
im Kopf behalten? Oder Sie wurden auf einer Party jemandem vorgestellt und hatten dessen Namen fünf Sekunden später schon wieder

vergessen? Oder Sie trafen einen Kunden, an dessen Namen Sie sich einfach nicht erinnern konnten und den sie so unmöglich Ihrem Chef vorstellen konnten? Als Folge Ihres schlechten Namensgedächtnisses gehen Sie sowohl potenziellen neuen Bekannten als auch Menschen, die Sie schon einmal getroffen haben, aus dem Weg – schließlich könnten Sie sie dadurch kränken, dass Sie ihre Namen vergessen haben.

Wenn Sie eine oder mehrere der obigen Fragen mit Ja beantwortet haben, sind Sie sicherlich nicht der Einzige. Wenn ich in meinen Seminaren zum Thema Netzwerke die Teilnehmer frage, wer Schwierigkeiten hat, sich Namen zu merken, heben neun von zehn Personen die Hand. Ein gutes Namensgedächtnis ist wirklich eine Seltenheit. Doch diese für Netzwerke und den sozialen Umgang wichtige Fähigkeit kann man erlernen. Und das ist einfacher, als Sie denken!

Warum vergessen wir die Namen anderer Menschen?

Der häufigste Grund, aus dem wir Namen vergessen, liegt darin, dass wir uns bei der Vorstellung nicht konzentrieren können und deshalb den Namen gar nicht erst richtig hören. Wir sind zu sehr damit beschäftigt, zu überlegen, was wir wohl als Nächstes sagen könnten, oder wir machen uns Sorgen, was der andere wohl über uns denken könnte. Das kontraproduktive Selbstgespräch darüber klingt etwa so: »Was sage ich nur nach der Begrüßung?« »Sitzt meine Frisur?« »Bloß nicht vorpreschen!« »Bestimmt sage ich gleich etwas Blödes.« »Hoffentlich mache ich einen guten Eindruck!« »Ich frage mich, ob ...«

Ablenkungen wie lautstarke Musik oder andere Menschen, die sich laut unterhalten, können ebenfalls verhindern, dass Sie den Namen hören. Doch der schlimmste Grund, der uns davon abhalten kann, uns auf den Namen eines Menschen zu konzentrieren, ist fehlendes Interesse. Wenn man sich sagt: »Diesen Menschen werde ich vermutlich nie wiedersehen, wozu soll ich mir also seinen Namen merken?«, stellt man die Weichen für ein zusammenhangloses, unpersönliches und kurzes Gespräch.

In fünf Sekunden zum Erfolg

So behalten Sie die Namen der Menschen, die Sie kennenlernen, im Gedächtnis

Setzen Sie die folgende Fünf-Sekunden-Strategie ein, um sich Vornamen zu merken:

1. Sekunde: Konzentrieren Sie sich ganz auf den Augenblick der Vorstellung.

2. Sekunde: Überlegen Sie nicht, was Sie sagen sollen – hören Sie auf den Namen.

3. Sekunde: Wiederholen Sie den Namen laut.

4. Sekunde: Denken Sie an jemanden, der genauso heißt.

5. Sekunde: Nennen Sie den Namen nochmals im Laufe des Gesprächs und am Schluss.

Die erste Sekunde: Konzentrieren Sie sich auf den Augenblick der Vorstellung

Vermitteln Sie Ihrem Gegenüber den Eindruck, ernst und wichtig genommen zu werden, indem Sie ihm oder ihr Ihre volle Aufmerksamkeit widmen, wenn Sie einander vorgestellt werden. Stellen Sie direkten Blickkontakt her, lächeln Sie herzlich und bieten Sie einen freundlichen, festen Händedruck an. Wenn Sie die Hand der Person eine Sekunde länger festhalten, kann das helfen, sich auf den entscheidenden Augenblick der Vorstellung zu konzentrieren und auf das, was dann folgt: den Namen.

Die zweite Sekunde: Überlegen Sie nicht, was Sie sagen sollen – hören Sie auf den Namen

Auf diesen Augenblick haben Sie die ganze Zeit gewartet, also vermasseln Sie ihn nicht, indem Sie an sich denken und überlegen, was Sie als

Nächstes sagen sollen. Konzentrieren Sie sich und richten Sie Ihre ganze Aufmerksamkeit auf den Namen der Person – auf jeden Buchstaben darin und ganz besonders auf den Anfangsbuchstaben. Sollten Sie den Namen trotzdem überhören, sagen Sie einfach:»Entschuldigung, ich habe Ihren Namen nicht verstanden.« Oder:»Ich konnte Ihren Namen nicht hören.« Wenn der Name ungewöhnlich oder ausländisch ist oder Sie dann immer noch nicht sicher sind, was Ihr Gegenüber gesagt hat, fragen Sie:»Wie schreibt man Ihren Namen? Ich bin nicht sicher, ob ich ihn richtig verstanden habe.«

Die dritte Sekunde: Wiederholen Sie den Namen laut

Da viele Namen ähnlich klingen, achten Sie darauf, dass Sie den Namen wiederholen und prüfen, ob Sie ihn richtig verstanden haben. Sie können zum Beispiel sagen:»Ich möchte sichergehen, dass ich Ihren Namen richtig verstanden habe. Sagten Sie Marie oder Maria?« Oder: »Sie heißen Pat? Genau wie mein bester Freund!« Stellen Sie sich dann vor, der Anfangsbuchstabe stünde dem anderen auf die Stirn geschrieben, oder bringen Sie den Buchstaben mit einem Merkmal in seinem Gesicht in Verbindung.

Das mag merkwürdig klingen, funktioniert aber – vor allem wenn Sie später versuchen, sich an den Namen zu erinnern.

Das Wiederholen des Namens hat gleich mehrere Vorteile: Erstens macht es Ihrem Gegenüber klar, dass Sie zugehört haben und sich voll und ganz darauf konzentrieren, sich seinen oder ihren Namen zu merken. Das ist schmeichelhaft. Zweitens kann Ihr Gesprächspartner Sie korrigieren, falls Sie seinen Namen wirklich falsch verstanden haben sollten. Wenn Sie den Namen wiederholen, denken Sie noch einmal an den Namen, sprechen ihn erneut aus und hören ihn nochmals – so wiederholen Sie ihn nach dem ersten Hören für sich selbst noch dreimal. Die meisten Gedächtnisforscher sind übereinstimmend der Auffassung, dass Wiederholungen eine Schlüsselfunktion für unser Gedächtnis und Erinnerungsvermögen haben. Oder anders ausgedrückt:»Übung macht den Meister.«

Die vierte Sekunde: Denken Sie an jemanden, der genauso heißt

Denken Sie an alle Leute, die sie kennen und die Susanne, John, Christoph, Michael, Steve, Linda, Anna oder Frank heißen. Es besteht durchaus die Möglichkeit, dass Sie einem Menschen begegnen, der genauso heißt wie jemand, den Sie schon kennen, und das wird Ihnen helfen, sich den Namen zu merken. Denken Sie bei der gegenseitigen Vorstellung an jemanden, den Sie kennen und der genauso heißt: ein Verwandter, ein Klassenkamerad oder sogar ein Haustier! Am besten machen Sie den Namen an der ersten Person fest, die Ihnen in den Sinn kommt, und denken immer wieder an die Person, wenn Sie jemanden mit demselben Namen treffen.

Erinnern Sie sich zum Beispiel jedes Mal an Tante Barbara, wenn Sie eine neue Barbara treffen. Die beiden brauchen einander nicht im Geringsten zu ähneln. Die Person, an die Sie bei einem Namen denken, müssen Sie noch nicht einmal persönlich kennen. Es kann auch ein Filmstar sein oder jemand, über den Sie vor Kurzem etwas erfahren haben, ohne ihn persönlich zu kennen (oder auch eine Comicfigur). Wenn Sie zum Beispiel eine Elisabeth treffen, können Sie an Elizabeth Taylor oder an Queen Elizabeth denken. Bastian Schweinsteiger kann der erste Bastian sein, der Ihnen in den Sinn kommt, wenn Sie jemanden mit demselben Vornamen treffen. Diese Technik mag seltsam anmuten, doch mit etwas Übung werden Sie sich an die meisten Ihrer neuen Bekannten mit demselben Vornamen erinnern.

Die fünfte Sekunde: Nennen Sie den Namen noch einmal im Laufe des Gesprächs und am Schluss

»Pat, als du sagtest, dass du … « »Michael, was hat Sie zu der Entscheidung veranlasst, … « »Eileen, es war wirklich schön, etwas über Ihre Reise nach … zu erfahren.« »Anja, wie kann ich dich erreichen?« Wenn Sie eine Person beim Namen nennen, wird die Unterhaltung persönlicher; es stärkt zugleich Ihr Erinnerungsvermögen und Ihre Fähigkeit, sich beim nächsten Treffen an den Namen zu erinnern. Nennen Sie den Namen der Person zum Abschluss des Gesprächs noch einmal, hinterlässt das einen hervorragenden ersten Eindruck und rundet den Gesprächsablauf ab.

Der Trick, mit dem man sich in einer Gruppe Namen merken kann

Fast jeder kennt Situationen, in denen kaum Zeit bleibt, einer Person die Hand zu schütteln, bevor man schon der nächsten vorgestellt wird. Zwischen beiden Vorstellungen liegen oft nicht einmal zwei Sekunden. Wie soll man sich da alle Namen merken? Ganz einfach: Konzentrieren Sie sich bei jeder Person genau auf den Augenblick der Vorstellung und erzeugen Sie eine »Buchstabenkette« – die wird Ihnen helfen, sich an alle Namen in der Gruppe zu erinnern.

Und so funktionieren Buchstabenketten: Jede Sprache steckt voller Abkürzungen, Firmenlogos, Kurzworte, die aus einigen Buchstaben bestehen. Der Trick ist, die Anfangsbuchstaben der Namen schnell zu Abkürzungen, Logos, Kurzworten oder Buchstabenfolgen zusammenzufügen. Gelingt Ihnen das, haben Sie eine gute Chance, später alle Namen der einzelnen Personen wieder abzurufen, auch wenn Sie sich im ersten Moment nur an einen oder zwei Namen erinnern.

Angenommen, Sie sind auf einer Party und werden Vera und Waltraud vorgestellt. Denken Sie dann an VW wie Volkswagen. Wenn Sie sich Veras Namen merken und an VW denken, werden Sie sich automatisch auch an Waltraud erinnern. Stellen Sie sich vor, Sie sitzen in einem Restaurant am Tisch und werden Theresa, Andrea und Gary vorgestellt. Die Anfangsbuchstaben ihrer Namen ergeben ein kurzes Wort: T-A-G. Achten Sie auf Buchstaben, die Kombinationen ergeben, wie Markennamen, Logos, Abkürzungen, Anfangsbuchstaben von Fernseh- oder Radiosendern, Doppelbuchstaben (die könnten für denselben Namen stehen) oder auf Buchstaben in alphabetischer Reihenfolge. Zum Beispiel: Alan, Barbara und Carlos = A-B-C; Antje, Robert, Doreen = A-R-D; Christine, Nancy, Nick = C-N-N; Peter und Paul = P.P.

Reihen Sie die Namen von Menschen auch dann einfach aneinander, wenn sie gar nicht nebeneinander sitzen oder stehen. Sie können die

Buchstaben in jeder Reihenfolge kombinieren, die Ihnen hilft, eine Ordnung in die Namen zu bringen und sich an sie zu erinnern. Es empfiehlt sich, in einer ruhigen Minute die Buchstaben und die dazugehörigen Namen im Geist zu wiederholen. Je häufiger Sie die Namen wiederholen, desto besser bleiben sie Ihnen im Gedächtnis. Wenn Ihnen eine bessere Möglichkeit der Assoziation für die Namen einfällt, so nutzen Sie bitte diese.

Alternative Methoden für ein gutes Namensgedächtnis

Lassen Sie mich eines anmerken, bevor Sie Ihre ersten Assoziationen zu Namen herstellen: Machen Sie sich keine Gedanken und üben Sie keine Selbstzensur aus, wenn Ihnen nur unschmeichelhafte oder regelrecht beleidigende Assoziationen zum Namen einer Person einfallen. Es wird Ihnen kaum jemand die Frage stellen, wie Sie es geschafft haben, sich seinen Namen zu merken; die Menschen werden sich nur davon geschmeichelt fühlen, dass Sie ihn überhaupt noch wissen. Sollte Sie trotzdem einmal jemand danach fragen, sagen Sie einfach: »Sie haben mich wirklich beeindruckt!« Hier einige weitere Methoden, um sich die Namen von neuen Bekannten zu merken:

»Reimt sich auf...«: Vielleicht macht es Ihnen Spaß, zu einem Namen ein Wort zu finden, das sich auf ihn reimt. Zum Beispiel: Paul ist faul, Jeanette Baguette, Susanne die Tanne, Sabine Kabine, Hans Tanz, Lisa aus Pisa, Mona aus Verona, Peter der Meter, Frank der Schrank.

Vornamen und Adjektive mit dem gleichen Anfangsbuchstaben: Schicken Sie dem Vornamen ein Adjektiv voraus, das die Person beschreibt und das mit demselben Anfangsbuchstaben beginnt – eine Eselsbrücke, um sich Namen besser zu merken. Zum Beispiel: Die brave Birgit, der coole Claus, die dicke Doris, der ernste Emil, die fleißige Frauke usw.

Vornamen, die mit demselben Anfangsbuchstaben beginnen wie ein Beruf oder ein Hobby: Die Anfangsbuchstaben einiger Namen passen zu den Hobbys oder dem Beruf, denen die jeweilige Person nachgeht. Zum Beispiel: Greg der Gitarrist, Lola die Läuferin, Teresa die Tänzerin,

Mika der Maler, Sally die Seglerin und Ingo der Ingenieur. Wer Verben bevorzugt, kann auch solche Verknüpfungen herstellen: Malenka malt, Sabine sonnt sich, Hanna hämmert, Anna angelt, Rolf rennt, Tom turnt.

Bringen Sie ein optisches Merkmal mit dem Namen in Verbindung: Ein weiterer Weg, um sich einen Namen zu merken, sieht folgendermaßen aus: Schauen Sie sich aufmerksam das Gesicht eines Menschen an. Gut möglich, dass Ihnen dabei ein Merkmal auffällt. Das können Augen, Nase, Ohren, Kinn, Stirn, Augenbrauen, ein Muttermal, Haare oder auch die Gesichtsform sein. Zum Beispiel erinnern Julias strahlende Augen Sie an Juwelen. Wenn Stefan die Stirn runzelt, sieht er streng aus, also denken Sie an den strengen Stefan. Dagmars schlanke Gestalt bringt Sie auf den Namen dünne Dagmar. Annas blonde Haare erinnern Sie an den Sandstrand an der Atlantikküste, also nennen Sie sie Anna Atlantik usw.

HÄUFIG GESTELLTE FRAGE

Auf Partys sehe ich oft Menschen, die ich schon einmal getroffen habe, deren Namen mir aber entfallen sind. Wie kann ich es vermeiden, in die sehr peinliche Situation zu geraten, dass ich sagen muss: »Ich habe Ihren Namen vergessen.«?

Manchmal hilft alles nichts – Sie können sich einfach nicht an den Namen einer Person erinnern: Hier noch einige »Guerilla-Strategien«, mit denen Sie trotzdem dahinterkommen können:

– Bitten Sie den Gastgeber oder eine andere Person, Ihnen zu sagen, wer die Gäste sind.

– Wenn Sie im Gespräch sind, hören Sie aufmerksam darauf, ob andere Gesprächsteilnehmer einander beim Namen nennen.

– Stellen Sie sofort eine kleine Assoziation zu dem Namen her.

– Versuchen Sie nach Möglichkeit, einen Blick auf die Gästeliste oder den Sitzplan zu erhaschen. Namen schriftlich vor Augen zu haben kann dabei helfen, sich zu merken, wer wer ist.

Eine weitere todsichere Methode ist es, sich erneut vorzustellen, etwa so:»Hallo, erinnern Sie sich an mich? Ich bin Don. Wir sind uns vor einer ganzen Weile bei … begegnet.« In den meisten Fällen wird die Person dankbar sein, dass Sie ihr Ihren Namen so präsentiert haben, und sich genauso verhalten. Und falls sie das nicht tut, können Sie immer noch einfach fragen:»Und Ihr Name war noch gleich …?«

Wenn gar nichts mehr geht, können Sie einfach mit einem verlegenen Lächeln sagen:»Natürlich kenne ich noch Ihren Namen, aber ich habe gerade einen Blackout.«

Mit etwas Übung kann man fünf, zehn, zwanzig oder noch mehr Namen im Gedächtnis behalten

Vielleicht denken Sie, dass man lange braucht, um zu lernen, wie man Assoziationen zu Menschen herstellt, die man kennenlernt. Doch das Gegenteil ist der Fall, denn mit ein wenig Übung und Selbstvertrauen werden Ihnen augenblicklich Assoziationen einfallen. Wenn Sie diese geistigen Verknüpfungen immer wieder herstellen, wird sich Ihre Fähigkeit, Namen zu erfassen und im Gedächtnis zu behalten, ganz erheblich verbessern. Treffen Sie dann Menschen wieder, denen Sie zuvor erst einmal begegnet sind, werden die sagen:»Ich kann nicht glauben, dass Sie sich meinen Namen gemerkt haben.«

Die nachhaltige Wirkung eines guten Namens- gedächtnisses

Wenn Sie sich den Namen eines Menschen merken können, schafft das sofort eine gute Gesprächsatmosphäre und es veranlasst den anderen dazu, Sie zu mögen. Gute Unterhaltungen, bei denen sich beide Gesprächspartner wohlfühlen, werden dann wahrscheinlich wie von selbst in Gang kommen. Und es kann noch etwas anderes geschehen: Das bloße Erinnern ihres oder seines Namens könnte der Beginn einer neuen Freundschaft sein.

TEIL II

DAS GESPRÄCH MIT CHARME, SELBSTVERTRAUEN UND TAKTGEFÜHL FORTSETZEN UND BEENDEN

6. Das Gespräch in Gang halten

Entwickeln Sie eine konkrete Vorstellung davon,
was Sie sich wünschen, indem Sie Ihren Traum in Worte fassen –
dann können Sie ihn umso ausdrucksvoller beschreiben.

Les Brown (geb. 1945)
Autor und Motivationstrainer

In meinen Workshops bitte ich die Teilnehmer immer, mir die größte Herausforderung zu nennen, vor der sie im Gespräch stehen, *nachdem* das Eis gebrochen ist, sie Freundlichkeiten ausgetauscht und einige Minuten mit den Menschen geredet haben, die sie gerade kennengelernt haben. Fast immer sagt dann jemand: »Das Schwierigste ist, das Gespräch in Gang zu halten.« Und die meisten anderen Zuhörer nicken zustimmend.

Vier Schlüssel, mit denen man Gespräche aufrechterhält

Gespräche in Gang zu halten ist ganz einfach, wenn man die ausschlaggebenden Faktoren dafür kennt. Natürlich ist die Körpersprache wichtig; darüber hinaus ist es entscheidend, Interesse und Neugier zu zeigen, und man sollte stets freundlich und auch mal begeistert reagieren. Hier nun vier zusätzliche Schlüsselfaktoren, die helfen, ein Gespräch auf natürlichem und einfachem Wege in Gang zu halten:

– **Schlüssel Nr. 1:** Konzentrieren Sie sich auf die Situation, in der Sie sich gerade befinden.

– **Schlüssel Nr. 2:** Finden Sie heraus, welches die »heißen Themen« und wichtigen Ereignisse im Leben Ihres Gesprächspartners sind.

– **Schlüssel Nr. 3:** Sorgen Sie für einen ausgewogenen Informationsfluss in beide Richtungen.

– **Schlüssel Nr. 4:** Verwenden Sie Small Talk, um das Gespräch zu steuern.

Das Gespräch in Gang halten

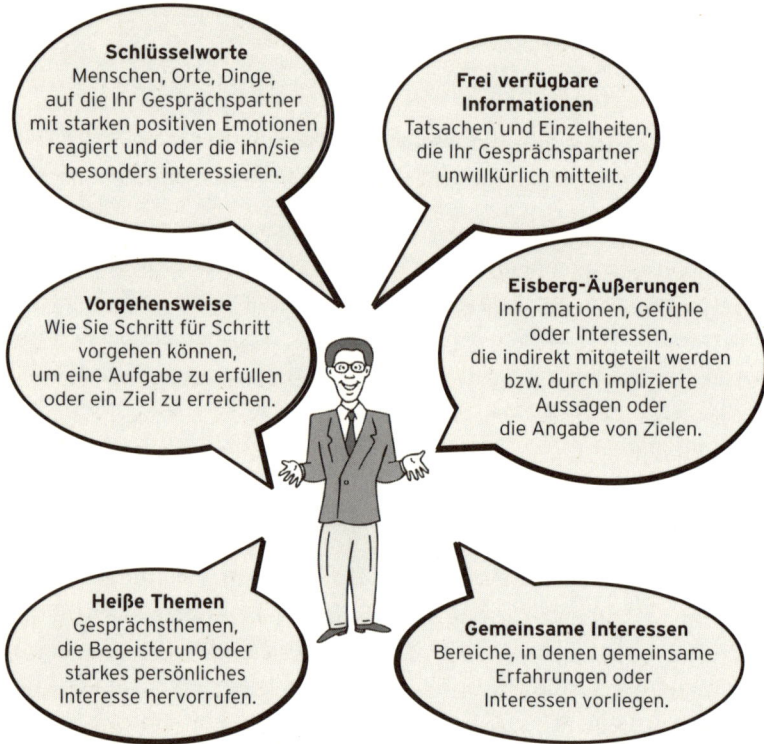

Schlüsselworte
Menschen, Orte, Dinge, auf die Ihr Gesprächspartner mit starken positiven Emotionen reagiert und oder die ihn/sie besonders interessieren.

Frei verfügbare Informationen
Tatsachen und Einzelheiten, die Ihr Gesprächspartner unwillkürlich mitteilt.

Vorgehensweise
Wie Sie Schritt für Schritt vorgehen können, um eine Aufgabe zu erfüllen oder ein Ziel zu erreichen.

Eisberg-Äußerungen
Informationen, Gefühle oder Interessen, die indirekt mitgeteilt werden bzw. durch implizierte Aussagen oder die Angabe von Zielen.

Heiße Themen
Gesprächsthemen, die Begeisterung oder starkes persönliches Interesse hervorrufen.

Gemeinsame Interessen
Bereiche, in denen gemeinsame Erfahrungen oder Interessen vorliegen.

Schlüssel Nr. 1: Konzentrieren Sie sich auf die Situation, in der Sie sich gerade befinden

Verorten Sie sich in Ihrer unmittelbaren Umgebung – was befindet sich rechts, was links von dem Ort, an dem Sie sich zufällig gerade aufhalten? Warum sind Sie hier? Wer ist sonst noch hier, den Sie schon kennen oder gern kennenlernen würden? Welche Aktivitäten finden hier statt? Wie sind Sie hierher gekommen? Was macht den Ort ungewöhnlich oder interessant? Was könnte Ihnen jemand anders über den Ort erzählen? Was haben Sie früher hier schon erlebt? Was denken Sie über den Ort?

Wenn das Eis gebrochen ist und Sie ein Gespräch angefangen haben, können Sie die Unterhaltung fortsetzen, indem Sie das Augenmerk auf verschiedene Gesichtspunkte in Ihrer unmittelbaren Umgebung richten. Diese Herangehensweise wird Ihnen viele Gesprächsthemen liefern, zu denen Sie Fragen stellen oder Aussagen treffen können.

Sprechen Sie zunächst Ihren direkten Aufenthaltsort an und beziehen Sie dann auch angrenzende Bereiche als Gesprächsthemen ein

Wenn Sie sich bereits über Ihre unmittelbare Umgebung unterhalten, ist es ganz einfach, auch direkt angrenzende Bereiche anzusprechen. Besuchen Sie zum Beispiel einen Kurs für Erwachsenenbildung, ist der Klassenraum Ihre unmittelbare Umgebung. Nachdem Sie über den Kurs selbst gesprochen haben, weiten Sie die Unterhaltung mit offenen Fragen aus – auf die Schule und den Stadtteil, in dem der Kurs stattfindet. Das könnte so klingen: »Warum haben Sie sich gerade für diesen Kurs entschieden?« Oder: »Ich bin zum ersten Mal in dieser Gegend, aber ich erkunde gern neue Stadtteile, um Antiquitätenläden und Restaurants zu finden.«

Nehmen Sie auf verschiedene Elemente in Ihrer Umgebung Bezug: auf andere Kurse, das Schulgelände, Restaurants in der Nähe, Kinos, Clubs usw. Fahren Sie fort und lassen Sie weitere Themen in das Gespräch einfließen, wie Ihren Wohnort, Ihre Anreise zum Kurs, Erholungsgebiete, die Stadt selbst oder interessante Außenbezirke. Wenn Sie erst einmal feststellen, wie viel Gesprächsstoff Ihr Aufenthaltsort und Ihre unmittelbare Umgebung liefern, werden Sie niemals um Worte verlegen sein.

Schlüssel Nr. 2: Finden Sie heraus, welche die »heißen Themen« und wichtigen Ereignisse im Leben Ihres Gesprächspartners sind

Dale Carnegie schrieb in seinem Selbsthilfe-Klassiker *Wie man Freunde gewinnt*, dass es ganz einfach ist, ein Gespräch zu führen, wenn man erst einmal die wirklich wichtigen Ereignisse im Leben eines Menschen – ich nenne sie heiße Themen – gefunden hat. Heiße Themen sind Gebiete, für die Sie selbst oder Ihr Gesprächspartner sich leidenschaftlich interessieren, in die Sie sich wirklich vertiefen und über die Sie längere Zeit sprechen können. Ein heißes Thema kann der Beruf sein, ein neuer Arbeitsplatz, ein Hobby, ein Karriereziel, eine bevorstehende Reise, eine Sportart, persönliches soziales Engagement und sogar ein Haustier! Heiße Themen sind Sachverhalte oder Aktivitäten, welche die Menschen wirklich interessieren. Ein heißes Thema kann eine Lebensaufgabe sein, eine vorübergehende Vorliebe oder etwas, das einen momentan fasziniert – kurz alles, was Sie inspiriert.

»Heiße Themen« sind hochinteressante Gesprächsthemen

Es ist wichtig, so schnell wie möglich die heißen Themen anderer Menschen aufzuspüren, weil sie einen sehr fruchtbaren Boden für längere Gespräche bieten. Je schneller Sie herausfinden, worauf andere besonders ansprechen, und etwas über Ihre eigenen Interessen preisgeben, desto lebhafter und anregender werden Ihre Gespräche – vielleicht stellen Sie auch fest, dass Sie einige wichtige Interessen miteinander teilen.

Wenn Sie gängige Fragen stellen, zielt das unter anderem darauf ab, herauszufinden, welche Themen Ihren Gesprächspartner wirklich bewegen. Sobald Sie die heißen Themen eines Menschen kennen, wissen Sie auch, wie Sie ihn inspirieren können. Sie können dann auch in Erfahrung bringen, was ihm wichtig ist, wofür er Zeit, Geld und Mühe investiert, das heißt, was er wertschätzt. Das liefert Ihnen reichlich Gesprächsstoff und viele Erkenntnisse über den Menschen, mit dem Sie gerade reden.

Finden Sie nicht nur heraus, wofür sich Ihr Gegenüber begeistert, sondern suchen Sie auch nach gemeinsamen Zielen, Erfahrungen und Ideen. Oft gibt es viele Themen, über die man miteinander reden könnte. Da alle Menschen bestimmte Interessen gemeinsam haben, ist es wichtig, die wirklich heißen Themen aufzuspüren, die dem anderen besonders am Herzen liegen. Wenn Ihnen beiden ganz ähnliche Themen wichtig sind, können Sie schnell feststellen, ob Ihre Gesprächspartner diese Aktivitäten und Interessen gern mit Ihnen teilen würde. Das ist der Punkt, an dem Freundschaften entstehen.

Wie stelle ich fest, welches für jemanden heiße Themen sind?

Wenn Sie einen Raum voller Fremder betreten, sagen Sie sich vielleicht: *Mit diesen Menschen habe ich gar nichts gemeinsam.* Viele Menschen glauben, dass ihre Interessen einmalig seien und andere Menschen nicht weiter berühren würden. Doch das Gegenteil ist der Fall. Da wir alle Zugang zu einer großen Vielfalt von Aktivitäten haben, teilen viele Menschen ähnliche Interessen, Ziele und Lebenserfahrungen. Der Trick besteht darin, die Interessen anderer in Erfahrung zu bringen und im Gespräch Gemeinsamkeiten zu entdecken.

Wenn Sie nach den Themen suchen, die jemandem persönlich wichtig sind, werfen Sie in den entsprechenden Themenbereichen gängige Fragen als Köder aus. Erhalten Sie daraufhin eine begeisterte Antwort, sollten auch Sie Interesse an dem jeweiligen Thema zeigen. Das heißt nicht, dass es Sie fesseln muss – es reicht schon, wenn Sie eine leichte Neugier zum Ausdruck bringen. Dann kann der andere Informationen aus einem wichtigen Bereich seines Lebens mit Ihnen teilen und er wird ein gutes Gefühl Ihnen gegenüber entwickeln. Ihr Gesprächspartner wird den Eindruck gewinnen, dass er Ihnen wichtig ist, und er wird Ihnen hoffentlich ein ähnlich starkes Interesse entgegenbringen.

Menschen tragen oft Kleidung oder Gegenstände bei sich, die auf die Themen hinweisen, die ihnen persönlich wichtig sind. Halten Sie Ausschau nach Sport-Zubehör, Büchern, Schmuck, Kleidung oder anderen Dingen, die auf solche heißen Themen hindeuten könnten. Menschen gehen Aktivitäten nach, die ihnen persönlich wichtig sind. Lenken Sie die Aufmerksamkeit darauf und stellen Sie offene gängige Fragen zu dem Thema – und Sie werden keine Mühe haben, das Gespräch fortzusetzen. Sehen Sie sich nach Menschen um, die Spaß haben, sich weiterbilden wollen oder einen anderen persönlichen Fortschritt anstreben. Es wird nicht schwierig sein, ihre heißen Themen ausfindig zu machen.

Manchmal geben Menschen ihre heißen Themen in Form von Eisberg-Aussagen preis – das heißt, sie machen eine Bemerkung, die im Gespräch nur die Spitze des Eisbergs enthüllt, und warten dann darauf, nach Einzelheiten zu der Aktivität oder dem Projekt gefragt zu werden, mit denen sie sich gerade beschäftigen. Hören Sie gut auf frei verfügbare Informationen und stellen Sie offene Folgefragen, um die Menschen zu ermutigen, darüber zu reden, womit sie sich gerade befassen. So können Sie etwa fragen: »Das hat mich schon immer interessiert. Wie sind Sie dazu gekommen?«

Wenn es einige sichtbare oder verbale Hinweise auf Themen gibt, die Ihrem Gegenüber am Herzen liegen, signalisieren Sie, dass Sie gern mehr darüber erfahren würden, indem Sie etwa solche Fragen stellen:

– *Was tun Sie am liebsten, wenn Sie nicht arbeiten?*

– *Für welche Freizeitaktivitäten interessieren Sie sich?*

– *Arbeiten Sie gerade an bestimmten Projekten?*

– *Welches sind Ihre Hobbys?*

– *Sind Sie Mitglied einer bestimmten Organisation?*

– *Haben Sie gerade große Projekte in Arbeit oder in Planung?*

– *Gibt es etwas, das Sie schon immer tun wollten, wozu Sie aber noch nie gekommen sind?*

Wie man anderen seine eigenen heißen Themen offenbart

Es reicht nicht, die Themen zu finden, die anderen persönlich wichtig sind. Denken Sie daran: Ein gutes Gespräch muss ausgewogen sein, also seien Sie bereit, auch einige Ihrer eigenen heißen Themen preiszugeben. Wenn Sie anderen mitteilen, was Ihnen wichtig ist, bieten Sie ihnen die Möglichkeit, Sie so kennenzulernen, wie *Sie es gern hätten*, und zwar so, dass ein guter Eindruck entsteht. Wenn Sie zu einer Party oder einem gesellschaftlichen Ereignis eingeladen sind, ist es hilfreich, eine Bestandsaufnahme Ihrer heißen Themen, das heißt Projekte und Zukunftspläne, zu machen, die Sie begeistern und über die Sie sich gern mit anderen austauschen würden.

Sprechen Sie über Ihre eigenen heißen Themen

Wenn Sie anderen etwas über diese Themen mitteilen, beschreiben Sie so genau wie möglich, was Sie damit zu tun haben. Nennen Sie viele Fakten und Beispiele, machen Sie Zeit- und Ortsangaben, sodass Ihr Gesprächspartner viele frei verfügbare Informationen erhält, zu denen er Fragen stellen kann. Vielleicht weiß er nicht viel über das jeweilige Thema, doch Ihre Begeisterung wird ihn anstecken und reichlich Gesprächsstoff für Rückfragen liefern. Hier einige Beispiele, wie man andere über persönlich wichtige Themen informieren kann:

– *Ich finde ... wirklich sehr spannend.*

– *Stellen Sie sich vor, ich werde endlich ...*

– *Ich freue mich schon auf das kommende Wochenende, weil ...*

– *Ich habe gerade die Arbeit an ... abgeschlossen.*

– *Ich bereite mich auf den Start eines wichtigen Projekts zu ... vor.*

Vorsicht: Achten Sie darauf, keinen Insiderjargon oder Fachausdrücke zu verwenden, wenn Sie mit Menschen sprechen, die mit Ihrem heißen Thema nicht vertraut sind. Statt zu stark ins Detail zu gehen, schildern Sie Ihrem Gesprächspartner lieber aus Ihrer Sicht, was Sie ausgerechnet an diesem Thema so spannend finden. Sprechen Sie aber nicht zu lange über Ihr heißes Thema, sonst kann daraus schnell ein Fallstrick werden. Achten Sie darauf, wie lange Sie sich dazu äußern, ohne dass Ihr Gegenüber zu Wort kommt. Es ist völlig in Ordnung, anderen zu erzählen, wofür unser Herz schlägt, doch machen Sie sich klar, dass der andere möglicherweise nicht alles hören möchte, was Sie zu dem Thema zu sagen haben. Wenn Sie jedoch, etwa in Form von Rückfragen, signalisiert bekommen, Sie mögen fortfahren, können Sie ruhig noch ein paar Sätze sagen – bis Sie das Gefühl haben, Ihr Gesprächspartner sollte auch mal wieder zu Wort kommen.

Schlüssel Nr. 3: Sorgen Sie für einen ausgewogenen Informationsfluss in beide Richtungen

Wenn ein Gesprächsteilnehmer zu viel von sich erzählt und der andere zu wenig, ist die Unterhaltung unausgewogen und meist beiden Beteiligten eher unangenehm. Der eine mag denken: *Ich habe die gesamte Unterhaltung allein bestritten und sie saß nur dumm herum.* Der andere hingegen: *Er hält nicht ein einziges Mal den Mund und kennt dabei kein anderes Thema als sich selbst!*

Es ist also verständlich, warum ein unausgewogenes Gespräch in der Regel nur kurz ausfällt und einen negativen Eindruck hinterlässt. Ein längeres Gespräch zeichnet sich dadurch aus, dass beiden Gesprächspartnern bewusst ist, dass der Informationsfluss ausgewogen sein muss und in beide Richtungen erfolgen sollte. So tauschen sie in ähnlichem Umfang Grundinformationen, Ideen, Meinungen, Gefühle und Erfahrungen miteinander aus. Das heißt nicht, dass der Austausch wie beim Tischtennis stattfindet, sondern es geht darum, dass das Gespräch insgesamt ausgewogen ist. Am Ende sollten jedenfalls beide ein bisschen mehr über den anderen erfahren haben.

Ein Gespräch in Gang halten ist wie Ball spielen

In einem längeren Gespräch ist zunächst eine Person im »Ballbesitz« und die andere hört zu. Kurz darauf spielt diejenige Person, die gesprochen hat, den Ball der anderen zu – dann ist diejenige an der Reihe. Dieses Zuspiel kann eine allgemeine Frage sein, eine Bitte um eine Meinungsäußerung oder eine Bemerkung. Sobald Ihr Gesprächspartner den Ball hat, kann er das Thema weiter ausführen oder wechseln. Wenn sich die Gesprächspartner in einer Unterhaltung gegenseitig die Bälle zuwerfen, kann das Gespräch beliebig lange weitergehen – und zwar einfach durch den gegenseitigen Informationsaustausch.

Schlüssel Nr. 4: Verwenden Sie Small Talk, um das Gespräch zu steuern

Small Talk hat bei vielen Menschen einen schlechten Ruf. Dabei ist er nicht – wie manche sagen – unwichtig oder reine Zeitverschwendung, sondern genau das Gegenteil. Small Talk ist ein nützliches Kommunikationswerkzeug, weil er Aufgeschlossenheit signalisiert und zeigt, dass man die Unterhaltung gern fortsetzen würde. Mit Small Talk können Menschen auf viele verschiedene Themen zu sprechen kommen, eine Beziehung zum anderen aufbauen und das Gespräch auf Gebiete lenken, die für beide interessant sind (und weg von unsicherem Terrain in der Kommunikation).

Freundlicher Small Talk zeigt, dass Sie das Gespräch fortsetzen möchten

Es ist ganz natürlich, dass die meisten Menschen so lange unsicher sind, wie sie auf andere wirken, bis diese ihnen verbale und nonverbale Signale übermitteln, die versichern: *Sie sind okay, ich rede gern mit Ihnen.* Solche vertrauensbildenden und beziehungsfördernden Signale können die Gesprächsteilnehmer mithilfe von Small Talk abgeben. Wenn Sie und Ihr Gesprächspartner lebhaft Small Talk betreiben, ist die Botschaft eindeutig: Ihnen beiden ist die Gesellschaft des anderen angenehm, die Gesprächsinhalte interessieren Sie und Sie möchten sich gern weiter unterhalten.

Lebendiger Small Talk liefert Ihnen eine große Auswahl an Gesprächsthemen

Wenn Menschen Small Talk betreiben, streuen sie viele Schlüsselworte, frei verfügbare Informationen, Selbstoffenbarungen und neue Themen ins Gespräch ein. Das liefert beiden Gesprächspartnern mehr Möglichkeiten, gemeinsame Interessengebiete zu entdecken und anzusprechen. Da Sie so auch mehr Gesprächsstoff haben, wird das Ihre Unterhaltung verlängern. Natürlich können Sie mit manchen Small-Talk-Themen, die Sie ansprechen, nur ein bis zwei Minuten füllen. Wenn Sie aber effektive Fragetechniken anwenden und gut zuhören, wird der andere Ihnen die Spur zum »Gesprächsgold« zeigen, also zu einem seiner heißen Themen.

Die Informationen, die Sie während des Small Talk aufschnappen, können sich auch in späteren Unterhaltungen bezahlt machen. Sorgen Sie dafür, dass Sie dem Gespräch Ihre volle Aufmerksamkeit widmen und dass Sie sich merken, was die andere Person Ihnen erzählt, um es bei einer späteren Gelegenheit wieder aufgreifen zu können.

Mit gekonntem Small Talk das Gespräch steuern

Sobald Sie verschiedene Themen kennen, über die Ihr Gesprächspartner gerne redet, können Sie mit ein wenig Small Talk im Gespräch die Themen ansteuern, die Sie am stärksten interessieren oder die aus Ihrer Sicht in der jeweiligen Situation am besten passen. Wenn Sie das Gespräch auf ein bestimmtes Thema lenken wollen, stellen Sie Fragen und machen Sie einige Bemerkungen, die dafür sorgen, dass Ihr Gespräch im Fluss bleibt. Dazu könnten Sie zum Beispiel sagen: »Vor ein paar Minuten haben Sie ... erwähnt. Darüber würde ich wirklich gern mehr erfahren.«

HÄUFIG GESTELLTE FRAGE

Ich gehe mit einem Kunden zum Mittagessen und möchte dabei nicht über das Geschäft sprechen, weil dafür schon der übrige Tag reserviert ist. Wie kann ich beim Mittagessen eine interessante, ungezwungene Unterhaltung führen?

Wenn Sie mit einem Kunden zu tun haben, hilft es, etwas über seine Interessen außerhalb der Arbeit zu wissen. In vielen Fällen kennen Sie sich bereits und Sie können diese Angaben den frei verfügbaren Informationen aus einem früheren Gespräch mit dem jeweiligen Kunden entnehmen. Wenn Sie sich zum ersten Mal treffen und sich gern locker und entspannt unterhalten möchten, können Sie einiges erreichen, wenn Sie vor dem geplanten Treffen Ihre »Hausaufgaben« machen. Mit einem Telefonat oder einer E-Mail an einen gemeinsamen Bekannten oder mit einer kurzen Internetrecherche können Sie vielleicht einige Themen finden, für die sich Ihr Kunde neben der Arbeit interessiert. (Mehr dazu in Teil III: »Mit Online-Netzwerken soziale, geschäftliche und persönliche Beziehungen ausweiten«.)

Wenn Sie beim Mittagessen sitzen, sagen Sie einfach: »Ich habe herausgehört, dass Sie ein guter Hobbygärtner sind. Könnten Sie mir vielleicht ein paar Tipps geben? Ich bin auf diesem Gebiet Anfänger.« Oder: »Ich habe auf der Internetseite Ihres Unternehmens gelesen, dass Sie sich ehrenamtlich für ... engagieren. Ich würde sehr gern mehr darüber erfahren, was Sie für diese Organisation tun.«

Wenn Sie keinerlei Hintergrundinformationen über die andere Person haben, achten Sie im Gespräch besonders genau auf frei verfügbare Informationen. Vielleicht erwähnt Ihr Gegenüber beiläufig, dass er eine Geschäftskonferenz an einem interessanten Ort besucht hat. Dann können Sie sagen: »Sie sagten vorhin, dass Sie in ... waren. Was hat Ihnen dort am besten gefallen?« Oder: »Waren Sie früher schon einmal dort?«

Sorgen Sie dafür, dass auch immer frei verfügbare Informationen über Ihre Person in die Unterhaltung einfließen, damit Ihr Gesprächspartner Ihnen Anschlussfragen stellen kann. Wenn Sie das Gefühl haben, dass sich ein bestimmtes Thema allmählich erschöpft, wechseln Sie das Thema, indem Sie frei verfügbare Informationen aufgreifen, die zuvor ins Spiel kamen, oder steuern Sie selbst neue Informationen bei. Sie können beispielsweise sagen: »Was Sie über das Segeln gesagt haben, interessiert mich, weil ich auch gern segle. Ich habe in der Tat gerade einen zweiwöchigen Segeltörn vor der Küste Kaliforniens hinter mir und es war einfach großartig!«

Hier einige Einstiegsfragen für ein Gespräch mit einem Kunden am Mittagstisch:

– *Warum haben Sie sich gerade für diesen Arbeitsbereich entschieden?*

– *Was haben Sie gemacht, bevor Sie zu Ihrem Unternehmen kamen?*

– *Wollten Sie sich jemals selbstständig machen?*

– *Welche neuen Trends sehen Sie in unserer Branche?*

– *Was halten Sie von ... ? (Sprechen Sie ein interessantes Thema aus den Nachrichten an.)*

Ein Themenwechsel schafft Abwechslung und eröffnet in der Unterhaltung neue Möglichkeiten

Die wohl einfachste Möglichkeit, eine Unterhaltung in Gang zu halten und dabei zugleich nach neuen gemeinsamen Interessengebieten zu suchen, ist ein Themenwechsel. Sie brauchen ein Thema nicht komplett auszudiskutieren, bevor Sie zum nächsten übergehen.

Gute Gespräche sind normalerweise ein Geflecht aus Themen und Ideen und es ist durchaus üblich, dass die Gesprächsteilnehmer von einem Thema zum anderen springen. Dabei ist es hilfreich, sich in sachverwandten Themenbereichen zu bewegen, doch selbst wenn sich das Gespräch in ganz andere Gebiete verlagert, können Sie jederzeit zum eigentlichen Thema zurückkehren, indem Sie sagen: »Um auf das zurückzukommen, was Sie vorhin angesprochen haben ... «

Benutzen Sie Schlüsselwörter, um das Thema zu wechseln

»Sie erwähnten vorhin ... «

Die gängigste Methode, um das Thema zu wechseln, besteht darin, sich auf frei verfügbare Informationen zu beziehen, die zuvor ins Gespräch eingeflossen sind, indem man dazu etwas anmerkt oder eine geschlossene gängige Frage stellt. Zum Beispiel: »Ich erinnere mich, dass Sie vorhin sagten, dass Sie letzten Monat in ... waren. Waren Sie geschäftlich oder privat dort?« Achten Sie stets auf Schlüsselworte, die im Gespräch vorher schon einmal gefallen sind, weil sie immer wieder als Anknüpfungspunkt genutzt werden können, um das jeweilige Thema wieder aufzugreifen. Erschöpft sich ein Thema allmählich, wechseln Sie es einfach, indem Sie eine offene gängige Frage auf Grundlage der frei verfügbaren Informationen stellen, die Sie oder Ihr Gesprächspartner eingebracht haben.

Mitunter möchte man nur für einen kurzen Augenblick auf ein anderes Thema zu sprechen kommen. Dann braucht man bloß zu sagen: »Entschuldigung, aber ich würde gern kurz das Thema wechseln«, und eine Bemerkung zu machen oder eine Frage zu stellen. Man sollte man versuchen, die Ausführungen dazu schnell zum Ende zu bringen und zum eigentlichen Gesprächsthema zurückzukehren.

Vorsicht: Bleiben Sie konzentriert bei der Sache. Wenn Sie von einem Thema zum anderen springen, kann Ihr Gesprächspartner leicht den Eindruck gewinnen, dass Sie über kein Thema ernsthaft diskutieren können (oder wollen). Es kann auch darauf hinweisen, dass Sie nicht richtig zuhören oder das Thema langweilig finden – was beides durchaus zutreffen mag! Wenn Ihr Gesprächspartner nur eine kurze Antwort gibt, kann das bedeuten, dass er über dieses Thema aus einem bestimmten Grund nicht sprechen möchte. Achten Sie genau darauf, ob Antworten lustlos gegeben werden, und seien Sie bereit, schnell das Thema zu wechseln, falls Sie den Eindruck haben, einen für die Person hochsensiblen oder völlig uninteressanten Bereich angesprochen zu haben.

Small Talk hilft im Gespräch über schwieriges Terrain hinweg

Kennen Sie auch Gespräche, in denen jemand ein unangenehmes Thema zur Sprache bringt, wie zum Beispiel den Tod eines Prominenten, ein blutiges Verbrechen, Kriege und Konflikte, Hungersnöte oder eine Umweltkatastrophe? Oder haben Sie schon einmal erlebt, dass Sie sich angeregt mit einem neuen Bekannten unterhielten, und von einer Minute auf die andere entbrannte zwischen Ihnen ein heftiger Streit, nur weil ein politisches oder religiöses Thema zur Sprache kam? Wenn Sie das kennen, ist Ihnen sicher bewusst, dass falsche Themen angenehme Gespräche ganz schnell verderben können und beide Gesprächspartner einen negativen Eindruck voneinander gewinnen. Lassen Sie es in Ihren Gesprächen so weit kommen, wird das höchstwahrscheinlich eine

Fortsetzung des Kontaktes erschweren oder unmöglich machen. Doch diese Falle können Sie zum Glück umgehen, indem Sie mit Small Talk rechtzeitig das Thema wechseln, bevor Ihre Unterhaltung geradewegs in einen kommunikativen Abgrund rutscht.

»Lassen Sie uns das Thema wechseln!«

Das Beste ist, gar nicht erst in Diskussionen über geschmacklose oder deprimierende Inhalte oder heikle Themen, die anderen unangenehm sind, einzusteigen. Um das zu vermeiden, müssen Sie rechtzeitig das Thema wechseln. Das können Sie, indem Sie zum Beispiel sagen: »Ich bin sicher, dass wir auch ein etwas angenehmeres Gesprächsthema finden können.« Oder: »Lassen Sie uns über etwas Positiveres sprechen.« Oder: »Ich hoffe, dass es Ihnen nichts ausmacht, aber ich würde hier beim Abendessen gern über etwas anderes sprechen.« Sobald Sie vorgeschlagen haben, das Thema zu wechseln, müssen Sie es auch tun. Nehmen Sie den Ball auf und eröffnen Sie die Diskussion über ein neues Thema – mit einer Bemerkung oder einer offenen Frage, die auf frei verfügbaren Informationen beruht, die Sie erhalten haben, bevor das Gespräch die unglückliche Wendung nahm. Meist sind andere Gesprächsteilnehmer erleichtert, wenn das negative Thema nicht allzu lange im Gespräch bleibt.

Gute Gespräche erzeugen Selbstvertrauen und legen den Grundstein für Beziehungen

Ihr Gespräch in Gang zu halten ist ganz einfach, wenn Sie sich auf die Situation besinnen, in der Sie sich gerade befinden, sich mit dem anderen über »heiße« Themen und positive Inhalte austauschen und sich gegenseitig wichtige Informationen zur Verfügung stellen. Setzen Sie gezielt Small Talk ein, um ein gutes Verhältnis herzustellen, um das Thema zu wechseln und um das Gespräch auf Themenbereiche von gemeinsamem Interesse zu lenken. Wenn Sie das tun, werden Sie einerseits einander besser kennenlernen, andererseits werden Sie einen noch größeren Nutzen erlangen: Gute Gespräche erzeugen Selbstvertrauen und stellen engere Verbindungen her, die zu lebendigen geschäftlichen, gesellschaftlichen und persönlichen Beziehungen führen können.

7. Mit heiklen Gesprächssituationen umgehen

*Die wahre Kunst der Konversation besteht nicht nur darin,
zum richtigen Zeitpunkt das Richtige zu sagen, sondern auch darin,
das Falsche für sich zu behalten –
selbst wenn die Verlockung, es auszusprechen, noch so groß ist.*

Lady Dorothy Nevill (1826–1913),
britische Autorin

Wissen Sie noch, wann Sie zuletzt einmal jemandem am liebsten so richtig Bescheid gesagt hätten, aber nicht wussten, wie, ohne die Situation noch viel schlimmer zu machen? Wir kennen alle heikle Gespräche oder Situationen, in denen wir uns eigentlich gezwungen sehen, ein paar klare Worte zu sagen, dies aber gern so taktvoll wie möglich tun möchten. Eine wohlüberlegte Antwort wird schwierige Gesprächssituationen deutlich einfacher machen – nehmen Sie sich daher ein paar Sekunden Zeit und überlegen Sie sich, wie Sie mit Taktgefühl antworten können. Hier vier Ratschläge, mit denen Sie auch in heiklen Gesprächssituationen im Takt bleiben.

Tipp 1: Erst nachdenken, dann sprechen

Wenn Sie tief Luft holen und Ihre Worte sorgfältig bedenken, bevor Sie auf Kritik, Provokationen oder unverschämte Bemerkungen reagieren, hat das gleich zwei Vorteile: Erstens hilft es Ihnen, sich zu entspannen und klar zu denken, weil Ihr Gehirn mit Sauerstoff versorgt wird. Zweitens verhindert es Kurzschluss-Reaktionen, die heikle Gespräche oft noch unangenehmer machen. Ein Augenblick der Stille ist eine taktvolle Gesprächsstrategie, weil er weder Zustimmung noch Ablehnung signalisiert. Vielmehr gewinnen Sie einige Sekunden Zeit, um darüber nachzudenken, was gesagt wurde und was Sie darauf erwidern möchten.

Tipp 2: Gut zuhören

Gut zuzuhören beinhaltet auch, ein paar klärende Nachfragen zu den Aussagen, der Gefühlslage oder den Absichten des anderen zu stellen und aufmerksam auf Fakten, Befindlichkeiten und indirekte Meinungs-äußerungen zu achten. Diese taktvolle Strategie liefert Ihnen zusätzliche Informationen und gibt Ihnen Zeit, Ihre Antwort so zuzuschneiden, dass Sie die bestmögliche Wirkung, das heißt das von Ihnen gewünschte Ergebnis erzielt. Dem anderen bietet das die Möglichkeit, seine Aussagen weiter zu verdeutlichen oder noch einmal zu überdenken. Sie können zeigen, dass Sie zuhören, indem Sie die Ausführungen des anderen noch einmal mit Ihren eigenen Worten so wiedergeben, wie Sie sie verstanden haben. Das kann beispielsweise folgendermaßen klingen: »Ich möchte sichergehen, dass ich Sie richtig verstanden habe. Meinen Sie ...?«

Tipp 3: Das Ergebnis bedenken

Bevor Sie ein heikles Gespräch beginnen, denken Sie darüber nach, was dabei herauskommen kann und welches Ergebnis Sie sich wünschen. Bevor Sie etwas sagen, überlegen Sie sich, was nach Ihrer Antwort geschehen soll. Was soll Ihr Gesprächspartner tun? Vielleicht möchten Sie, dass der andere sich zurückzieht und Ihnen nicht länger auf den Wecker geht, dass er offener über seine Erwartungen und Bedürfnisse spricht, dass er sich um seine eigenen Probleme kümmert, dass er Ihnen mehr bei alltäglichen Aufgaben hilft oder dass er mehr persönliche Verantwortung übernimmt.

Um was es auch geht – sich vorab über das gewünschte Gesprächsergebnis klar zu werden ermöglicht Ihnen, die besten Worte und Handlungen zu wählen, um dieses Ergebnis zu erreichen.

Tipp 4: Vorsichtig auftreten

Nun ist es an der Zeit, etwas zu sagen – aber vorsichtig, denn ein zu scharfer Ton ruft meist eher negative Reaktionen hervor. Stimmen Sie die klare Ansage, mit der Sie ein bestimmtes Gesprächsergebnis erzielen wollen, auf die Bedürfnisse Ihres Gesprächspartners ab. Wenn Sie ihm zuhören und Rücksicht auf ihn nehmen, ist das eine taktvolle Methode, die helfen kann, das Unbehagen abzubauen, das in heiklen Gesprächen oft aufkommt. Um zum Beispiel dezent auf ein Thema zu sprechen zu kommen, können Sie sagen:»Ich möchte dich um einen Gefallen bitten, der mir sehr viel bedeutet. Könntest du bitte ...?«

15 schwierige Gesprächssituationen und wie man damit umgehen kann

Hier einige Beispiele für typische heikle Gesprächssituationen: Was ist jeweils das Problem und wie können das gewünschte Gesprächsergebnis und eine taktvolle Antwort aussehen?

Heikle Gesprächssituation Nr. 1:
Ein Kollege versucht, Sie in eine politische Diskussion zu verwickeln

Problem: Bei der Arbeit über Politik zu sprechen ist tabu – und zwar aus gutem Grund. Die meisten Menschen haben klare Ansichten zu derart emotionalen Themen und das kann schnell zu heftigen Meinungsverschiedenheiten führen. Wenn es so weit kommt, können persönliche Beziehungen, Arbeitsbeziehungen und Karrierechancen darunter leiden.

Gewünschtes Ergebnis: Einem Streit über Politik aus dem Weg gehen und das Thema wechseln.

Taktvolle Antwort: Lassen Sie sich gar nicht erst auf eine Unterhaltung ein, bei der beide nur verlieren können. Sagen Sie einfach: »Ich diskutiere bei der Arbeit (bei Partys, Abendessen usw.) nie über Politik. Um auf etwas anderes zu sprechen zu kommen, was haben Sie am Wochenende vor?«

Heikle Gesprächssituation Nr. 2:
Ein Teamkollege versucht, Ihnen seine Arbeit auch noch aufzubürden

Problem: Wenn Sie zulassen, dass unmotivierte Menschen sich Ihren guten Willen und Ihre Arbeitsmoral zunutze machen, werden sie es auch tun.

Gewünschtes Ergebnis: Dem Teamkollegen zu verstehen geben, dass jeder seinen eigenen Beitrag leisten muss.

Taktvolle Antwort: »Wenn Sie noch Hilfe brauchen, sollten Sie sich vielleicht an unseren Vorgesetzten wenden. Ich kann Ihre Arbeit nicht zusätzlich zu meiner eigenen übernehmen.«

HÄUFIG GESTELLTE FRAGE

Das gibt es immer wieder: Mindestens zweimal pro Woche bittet mein Chef mich ganz kurz vor Feierabend, länger zu bleiben. Wie kann ich ihm sagen, dass er das unterlassen soll?

Um mit einem Chef fertigzuwerden, der Sie unter Druck setzt, damit Sie nach Feierabend Mehrarbeit leisten, müssen Sie energisch, aber auch sehr bedachtsam vorgehen. Schließlich wollen Sie Ihren Job ja auch am nächsten Arbeitstag noch haben. Sagen Sie als Erstes unmissverständlich, was Sie wollen, wobei Sie Ihrem Chef aber zugleich deutlich machen sollten, dass Sie sein Problem verstehen und nachempfinden können. Das Gespräch darüber könnte so verlaufen:

- **Chef:** Diane, Jean kann nicht zur Arbeit kommen, deswegen müssen Sie bitte morgen länger bleiben, um diese Berichte fertigzustellen.

- **Diane:** Oje, Herr Lund, das geht nicht. Ich habe direkt nach der Arbeit einen Termin, den ich nicht verpassen darf.

- **Chef:** Nun, Sie werden ihn wohl absagen oder später hingehen müssen, denn die Zentrale braucht die Berichte am nächsten Tag, sonst kostet mich das den Kopf.

- **Diane:** Ich würde Ihnen gern helfen, Herr Lund, aber morgen Abend kann ich einfach nicht länger bleiben.

- **Chef:** Früher waren Sie immer so zuverlässig und jetzt lassen Sie mich hängen. Das bringt mich wirklich in eine schwierige Lage!

- **Diane:** Ich verstehe, dass Sie jemanden brauchen, der die Berichte fertigstellt, doch ich kann nicht. Dieser Termin ist schon seit langer Zeit vereinbart.

- **Chef:** Aber wen kann ich sonst dazu bewegen, diese Berichte zu bearbeiten?

- **Diane:** Haben Sie schon einmal daran gedacht, Jeff anzurufen? Er sagte, dass er gut einige zusätzliche Aufträge gebrauchen könnte. Vielleicht kann er helfen.

- **Chef:** Jeff? Keine schlechte Idee. Vielleicht ist das die Lösung.

- **Diane:** Gut. Ich glaube, dass Jeff sich freuen würde, den Auftrag zu erledigen.

- **Chef:** In Ordnung, Diane. Danke ... Ach ja, und viel Vergnügen morgen Abend.

- **Diane:** Danke, Herr Lund.

Dem Chef eine Absage erteilen – mit Taktgefühl und gesundem Menschenverstand

Ein deutliches Gespräch mit seinem Vorgesetzten oder Arbeitgeber zu führen erfordert jede Menge Taktgefühl und Vernunft. Dabei ist nicht nur wichtig, *wann* Sie Nein sagen, sondern auch, *wie* Sie dies tun. Obwohl Sie sicherlich hin und wieder länger arbeiten müssen, können Sie Ihrem Chef durchaus sagen, dass Sie nicht ständig für Überstunden zur Verfügung stehen. Sie könnten zum Beispiel sagen: »Ich verstehe, dass ich gelegentlich länger bleiben muss. Doch ich habe auch noch andere Verpflichtungen, deshalb kann ich nicht regelmäßig auch nach 17:00 Uhr noch weiterarbeiten.«

Ihr Chef wird hoffentlich anders disponieren, wenn Sie darauf hinweisen, dass Ihre Wochenarbeitszeit begrenzt ist.

Heikle Gesprächssituation Nr. 3:
Wenn wohltätige Organisationen permanent um Spenden bitten

Problem: Da es heutzutage so viele Menschen in Not gibt, fühlt man sich zunehmend unter Druck und moralisch verpflichtet, zu helfen. Doch man kann nicht jedem etwas geben.

Gewünschtes Ergebnis: Die Vertreter der Organisationen bitten uns nicht länger um Geld.

Taktvolle Antwort: »Ich würde am liebsten für jeden guten Zweck spenden, aber das kann ich nicht: Daher habe ich die Zahl der wohltätigen Organisationen, für die ich spende, auf einige wenige begrenzt und dabei bleibt es.«

Heikle Gesprächssituation Nr. 4:
Ein Verwandter fragt, warum Sie nicht verheiratet sind oder keine Kinder haben

Problem: Allein diese Frage beinhaltet schon eine indirekte Missbilligung Ihres Lebensstils.

Gewünschtes Ergebnis: Diesen persönlichen Fragen ein Ende setzen.

Taktvolle Antwort: »Es ist einfach nicht dazu gekommen.«

Heikle Gesprächssituation Nr. 5:
Jemand, den Sie nicht gut kennen, bittet Sie um ein Empfehlungsschreiben

Problem: Es kann Ihre Glaubwürdigkeit und in der Konsequenz Ihre Existenzgrundlage gefährden, wenn Sie jemanden empfehlen, dessen Fähigkeiten und Charakter Sie nicht aus erster Hand kennen.

Gewünschtes Ergebnis: Nur für Menschen Empfehlungen aussprechen, deren Arbeit Sie auch kennen.

Taktvolle Antwort: »Ich empfehle nie jemanden, dessen Arbeit ich nicht kenne. Warum schicken Sie mir nicht einige Arbeitsproben? Dann werde ich sehen, was ich für Sie tun kann.«

Heikle Gesprächssituation Nr. 6:

Ein Kollege oder ein Freund möchte, dass aus Ihrer Freundschaft mehr wird

Problem: Wenn Sie die verliebten Annäherungsversuche eines Freundes oder Kollegen schroff zurückweisen, kann er Ihnen das übelnehmen und es entsteht eine unangenehme Situation.

Gewünschtes Ergebnis: Ein gutes Verhältnis beibehalten.

Taktvolle Antwort: Seien Sie höflich und freundlich, aber bestimmt und direkt. Ihrem Arbeitskollegen können Sie sagen:»Für mich gilt die Regel: keine Liebesbeziehungen am Arbeitsplatz. Ich muss dir leider eine Absage erteilen, aber es ist nett, dass du auf mich zugekommen bist.« Um einen Freund in seiner Verliebtheit zu bremsen, können Sie sagen:»Du bist für mich einfach ein guter Freund und ich möchte, dass es dabei bleibt.«

Heikle Gesprächssituation Nr. 7:

Jemand stellt offensiv Ihren Standpunkt infrage

Problem: Eine Meinungsverschiedenheit kann schnell zu einem handfesten Streit werden.

Gewünschtes Ergebnis: Eine Konfrontation vermeiden.

Taktvolle Antwort: »Wir haben offensichtlich unterschiedliche Auffassungen von der Situation. Einigen wir uns darauf, dass wir in diesem Punkt uneinig sind.« Wenn er oder sie Sie weiter provoziert oder stichelt, erklären Sie nochmals ganz ruhig: »Wir sollten uns bitte darauf einigen, in diesem Punkt uneinig zu sein, und es jetzt dabei belassen.«

Heikle Gesprächssituation Nr. 8:

Eine ihrer Aussagen hat jemand anderen gekränkt oder geärgert

Problem: Je mehr Sie versuchen, sich aus dieser Taktlosigkeit herauszureden, desto schlimmer wird es.

Gewünschtes Ergebnis: Die Aussage auf sich beruhen lassen und das Thema wechseln.

Taktvolle Antwort: Entschuldigen Sie sich schnell und sagen Sie: »Oh, es tut mir leid, dass ich das gesagt habe! Ich weiß auch nicht, was ich dabei im Sinn hatte – es war einfach gedankenlos. Entschuldigen Sie bitte.«

Heikle Gesprächssituation Nr. 9:
Im Gespräch kommt es zu sehr langen Pausen

Problem: Kurze Pausen, in denen nichts gesagt wird, sind ein natürlicher Bestandteil einer Unterhaltung, doch wenn das Schweigen zu lange dauert, neigen die Menschen dazu, sich unwohl zu fühlen.

Gewünschtes Ergebnis: Das Gespräch nach einem unangenehm langen Schweigen neu in Gang bringen.

Taktvolle Antwort: »Mir kam gerade etwas in den Sinn, das Sie vor einigen Minuten erwähnten.« Oder: »Mir fällt gerade etwas ein, das ich Ihnen gerne erzählen (Sie gerne fragen) würde.«

Heikle Gesprächssituation Nr. 10:
Sie sprechen einen Kunden auf seinen Ehepartner an, der vor Kurzem verstorben ist oder von dem Ihr Gesprächspartner gerade geschieden wurde

Problem: Wenn ganz unbeabsichtigt schmerzhafte persönliche Erfahrungen angesprochen werden, ist das den meisten Menschen ausgesprochen unangenehm. Es kann auch bösartige Äußerungen nach sich ziehen, die Sie lieber gar nicht hören wollen.

Gewünschtes Ergebnis: Die Situation des Betroffenen würdigen.

Taktvolle Antwort: »Es tut mir leid, das zu hören. Das wusste ich nicht. Wie geht es Ihnen sonst?«

Heikle Gesprächssituation Nr. 11:
Bei einer Party äußert ein Gast nichts als Beschwerden und Tratsch

Problem: Negative Gespräche trüben die Stimmung unter den Partygästen.

Gewünschtes Ergebnis: Das Thema wechseln und auf etwas Positiveres zu sprechen kommen.

Taktvolle Antwort: Sagen Sie:»Das ist ja deprimierend. Lasst uns das Thema wechseln. Mir ist vor Kurzem wirklich etwas Tolles passiert, das würde ich euch gern erzählen.« Wenn getratscht wird, könnten Sie sagen:»Ich spreche nicht über die Probleme anderer Leute und schon gar nicht über die von Freunden und Kollegen. Lasst uns über etwas Positiveres sprechen, wie ...«

Heikle Gesprächssituation Nr. 12:
Ein Verwandter setzt Sie unter Druck, damit Sie etwas Bestimmtes tun

Problem: Druck oder Manipulation erzeugen meist Unwillen.

Gewünschtes Ergebnis: Ohne Schuldgefühle oder ohne großes Aufhebens Nein sagen.

Taktvolle Antwort: Suchen Sie keine Ausreden. Seien Sie direkt, bestimmt und ruhig und sagen Sie:»Nein, das möchte ich nicht tun.«

Heikle Gesprächssituation Nr. 13:
Jemand gibt Ihnen unaufgefordert Ratschläge

Problem: Obwohl sie gut gemeint sein mögen, sind ungebetene Ratschläge bestenfalls nervtötend; erteilt jemand sie aber ständig, kann er herablassend und manipulativ wirken.

Gewünschtes Ergebnis: Sich erkenntlich zeigen, aber weitere Vorschläge dankend ablehnen.

Taktvolle Antwort: Bleiben Sie ruhig und freundlich:»Ich weiß es sehr zu schätzen, dass Sie mir helfen wollen, doch ich werde das schon allein schaffen.«

Heikle Gesprächssituation Nr. 14:
Ein Freund ruft Sie nur an, um sich zu beklagen oder Sie um einen Gefallen zu bitten

Problem: Wenn Sie den permanenten Beschwerden oder Hilfeersuchen Ihres Freundes kein Ende setzen, kann das Ihrer Freundschaft schaden.

Gewünschtes Ergebnis: Dem Gesprächspartner klarmachen, dass das Sich-Beklagen ihn nicht weiterbringt, und ihn dazu motivieren, persönlich Verantwortung zu übernehmen.

Taktvolle Antwort: Sagen Sie sanft: »Ich weiß gar nicht, was ich dir sagen soll, außer dass du mit diesen Problemen wohl allein fertig werden musst. Es wird in deinem Leben doch sicher auch etwas Positives geben. Darüber würde ich viel lieber etwas erfahren.«

Heikle Gesprächssituation Nr. 15:
Andere um einen Gefallen oder um Hilfe bitten

Problem: Wenn wir einem Freund oder Kollegen nur indirekt oder in Anspielungen mitteilen, dass er uns einen Gefallen tun soll, so kann der Betreffende sich verwirrt oder sogar manipuliert fühlen.

Gewünschtes Ergebnis: Ohne zu manipulieren die benötigte Hilfe bekommen.

Taktvolle Antwort: Sagen Sie direkt: »Ich würde dich gern um einen (kleinen/großen) Gefallen bitten. Wenn du mir nicht helfen kannst, brauchst du es bloß zu sagen, das kann ich dann auch gut verstehen.«

Heiklen Gesprächssituationen mit Taktgefühl zu begegnen führt zu besseren Beziehungen

Es ist völlig in Ordnung, in heiklen Gesprächssituationen selbstsicher für sich einzustehen. Wie können wir auch von anderen erwarten, dass sie wissen, was wir wollen und was nicht, wenn wir es ihnen nicht direkt sagen? Natürlich muss man sich ein paar zusätzliche Gedanken machen, Mut und Geduld aufbringen, wenn man sich gegenüber einem schwierigen Kollegen oder einem aufdringlichen Verwandten behaupten möchte. Doch wenn Sie die vier Ratschläge beachten – erst denken, dann sprechen; gut zuhören; das Ergebnis bedenken; vorsichtig auftreten –, dann werden Sie ein besseres Ergebnis erzielen und die Dynamik Ihrer Beziehungen verändern. Ihre Freunde, Kollegen und Verwandten werden sich Ihnen gegenüber anders verhalten. Alte Kommunikationsgewohnheiten lassen sich tatsächlich nur schwer ablegen – besonders zwischen Menschen, die sich schon sehr lange kennen. Doch ein wenig Übung und der Wunsch, Ihre Kommunikation zu verbessern, werden dazu beitragen, dass sich Ihre persönlichen und geschäftlichen Beziehungen deutlich verbessern.

8. Das Gespräch abschließen und einen guten Eindruck hinterlassen

*Hilfe! Ich bin in einer Unterhaltung gefangen
und komme nicht heraus!*

Anonymer Beitrag in einem Internet-Blog

Jedes Gespräch muss früher oder später zum Ende kommen. Da die meisten Unterhaltungen ihrem natürlichen Fluss folgen, gibt es immer einen richtigen Zeitpunkt, um sie erfolgreich abzuschließen.

Der beste Zeitpunkt, um ein Gespräch zu beenden

Ganz gleich, ob man ein kurzes oder langes Gespräch führt – wenn man es auf positive Art zu einem Abschluss bringen will, sollte man sich bewusst sein, dass es eine innere Dynamik hat. Wenn Sie zu lange warten, wird das Sie und Ihren Gesprächspartner anstrengen und Sie werden sich unwohl, unsicher oder gelangweilt fühlen. Tritt dies erst einmal ein, ist der richtige Moment, um das Gespräch mühelos zu beenden, bereits verstrichen. Sollten Sie aber auch schon in kurzen Gesprächspausen unsicher werden, kann das dazu führen, dass Sie das Gespräch zu früh und abrupt beenden. Das vermittelt Ihrem Gesprächspartner das Gefühl, dass Ihnen die gemeinsame Unterhaltung nicht gefallen hat.

Am besten beendet man ein Gespräch dann, wenn sich beide Parteien miteinander ausgetauscht haben, der richtige Zeitpunkt gekommen zu sein scheint oder wenn die Zeit drängt, um wieder auseinanderzugehen. Es ist wichtig, das Gespräch auf herzliche und verbindliche Art zu beenden, damit beide mit dem gerade erfolgten Austausch zufrieden sind.

Das Gespräch so beenden, dass ein guter Eindruck entsteht

Zwischen den Themen und einzelnen Sätzen in einer Diskussion entstehen immer natürliche Pausen und es ist klug, auf solch einen geeigneten Augenblick zu warten, um Ihr Gespräch zum Abschluss zu bringen. Wenn Sie das Gefühl haben, dass der richtige Zeitpunkt dafür gekommen ist – das heißt, dass die Diskussion zu einem Ergebnis geführt hat oder einer der Gesprächspartner gehen muss –, werden Sie aktiv und signalisieren Sie, dass Sie die Gesprächssituation verlassen wollen. Fassen Sie kurz die Hauptgedanken zusammen, die Ihr Gegenüber geäußert hat. Das zeigt dem anderen, dass Sie zugehört und ihn verstanden haben, und es markiert den Abschluss der Unterhaltung.

Ein Gespräch taktvoll beenden

Wenn Sie gerade über ein bestimmtes aktuelles Ereignis reden und signalisieren wollen, dass Sie gern zum Ende kommen würden, könnten Sie sagen:»Es klingt ganz danach, dass Sie gut über das Problem informiert sind. Ich werde den Artikel, den Sie erwähnt haben, auch einmal lesen.«

Nachdem Sie signalisiert haben, dass Sie die Unterhaltung beenden möchten, empfiehlt es sich (wenn Sie das auch wirklich wollen), gleich ein Wiedersehen mit dem Gesprächspartner ins Auge zu fassen. Planen Sie ein Treffen in der nahen Zukunft. Statt mit dem üblichen Klischee zu enden:»Wir sollten uns unbedingt bald mal wieder treffen« (was normalerweise»nie« bedeutet), schlagen Sie einen konkreten Anlass, einen Kinobesuch oder eine Verabredung zum Abendessen in der nächsten Woche vor. Sie könnten freundlich und direkt sagen:»John, es hat mir Spaß gemacht, mit dir zu reden. Wollen wir vielleicht nächste Woche mal zusammen ins Kino oder essen gehen? Ich rufe dich an.«

Auf diese Art bringen Sie Ihr Interesse an Ihrem Gesprächspartner zum Ausdruck und sprechen gleichzeitig eine offene Einladung für ein nächstes Treffen aus. Das ist besonders effektiv, wenn man Freundschaften und Beziehungen aufbauen möchte. Denken Sie daran, Ihren Gesprächspartner beim Abschied noch einmal mit Namen anzusprechen, und zeigen Sie eine offene, freundliche Körpersprache (Blickkontakt, Lächeln, herzlicher Händedruck). Vermeiden Sie langgezogene Abschiede.

Wie man aus einem Problemgespräch aussteigt

Manchmal sorgt die Art des Gesprächs oder Ihr Gesprächspartner dafür, dass Sie die Unterhaltung beenden und sich lieber früher als später zurückziehen möchten – ohne allerdings den Gesprächspartner dadurch zu kränken. Wenn Sie zum Beispiel bei einer Party einem Langweiler in die Arme gelaufen sind, der schon seit geraumer Zeit weitschweifig über sich selbst redet und sich mit Heldentaten brüstet, können Sie versuchen, das Gespräch mit folgender Strategie zu beenden:

Warten Sie auf eine kleine Pause zwischen den Worten und Sätzen und werfen Sie dann schnell ein paar Ja-/Nein-Fragen oder andere geschlossene Fragen ein (eine durchaus akzeptable Form, um jemanden zu unterbrechen). Damit stoppen Sie den Redefluss des Langweilers und nehmen im Gespräch den Ball an sich. (Denken Sie daran, dass Sie ein Gespräch durch Fragen steuern können.) Würdigen Sie dann in ein paar Sätzen die letzten Aussagen Ihres Gesprächspartners und bereiten Sie sich darauf vor, die Flucht anzutreten. Sie können sagen: »Das klingt ja ganz danach, dass dir deine Arbeit Spaß macht! Viel Glück bei deinem nächsten Projekt. Ich werde jetzt noch ein wenig umherschlendern und einen Freund begrüßen.« Oder: »Ich gehe mir etwas vom Buffet holen, wenn Sie mich bitte entschuldigen würden.« Geben Sie dem anderen dann lächelnd die Hand, sprechen Sie ihn mit Namen an und sagen Sie: »Es war nett, mit Ihnen zu sprechen.« Ziehen Sie sich dann umstandslos aus der Gesprächssituation zurück.

Vielleicht wenden Sie jetzt besorgt ein: *Und was, wenn ich auf der Party niemanden kenne? Ich kann doch nicht einfach nur herumstehen. Dann sieht er mich und fühlt sich doch gekränkt.* Probieren Sie folgende einfache Lösung: Lassen Sie sich etwas zu trinken nachschenken, holen Sie sich etwas zu essen, gehen Sie auf die Toilette und nehmen Sie sich dann etwas Zeit, um sich ein Bild von der Lage zu verschaffen. Sehen Sie sich nach dem Menschen oder der Gruppe im Raum um, die am offensten und empfänglichsten auf Sie wirkt. Gehen Sie direkt dorthin und beteiligen Sie sich an der Unterhaltung. Wenn Sie schon etwas mehr Übung haben, wählen Sie Ihre bevorzugte Person oder Gruppe, noch bevor Sie das vorherige Gespräch formal zum Abschluss gebracht haben.

HÄUFIG GESTELLTE FRAGE

Ich kann es nicht ausstehen, wenn ich auf einer Party von einem Nörgler mit Beschlag belegt werde. Ich weiß, dass ich gut zuhören kann, doch nach einiger Zeit fühle ich mich ausgenutzt. Wie kann ich taktvoll das Gespräch mit jemandem beenden, der sich immer nur beklagt?

Vom Umgang mit Nörglern

Der Nörgler spricht in der Regel über seine persönlichen Probleme, sein Pech, über Krankheiten und andere unglückliche Ereignisse. Menschen, die immer über solch unerfreuliche Themen sprechen, wünschen sich in den meisten Fällen Anteilnahme. Doch niemand hört einem ewigen Nörgler gern zu. Achten Sie deswegen eine Zeit lang auf die frei verfügbaren Informationen zu dem jeweiligen Problem und stellen Sie einige Ja-/Nein-Fragen oder andere geschlossene Fragen. Damit können Sie den Fluss der Beschwerden unterbrechen und das Gespräch so steuern, dass es zu einem Abschluss kommt.

Bringen Sie mit wenigen Worten Ihre Anteilnahme zum Ausdruck, indem Sie beispielsweise sagen:»Das klingt ja ganz danach, dass du gerade schwere Zeiten durchmachst.« Oder:»Es tut mir wirklich leid, dass du solche Schwierigkeiten hast.« Das zeigt Ihrem Gegenüber, dass Sie zugehört haben und sich in sein Problem einfühlen können.

Wenn man mit einem Nörgler zu tun hat, ist es völlig akzeptabel, ungefragt einen kurzen Ratschlag zu geben oder allgemeine Weisheiten oder Ermutigungen auszusprechen wie»Halt durch! Es wird schon klappen.« Oder:»Falls dich das tröstet, du bist nicht der Einzige, der dieses Problem hat.« Fügen Sie dann aufrichtig hinzu:»Ich hoffe, dass alles gut für dich verlaufen wird.« Geben Sie dem anderen freundlich lächelnd die Hand und sagen Sie:»Ich werde jetzt einem Freund Hallo sagen.« Verabschieden Sie sich dann, wobei Sie den Betreffenden noch einmal mit seinem Namen ansprechen, und entfernen Sie sich schnell aus der Situation.

HÄUFIG GESTELLTE FRAGE

Mein Freund lädt bei jedem seiner Anrufe alle seine Probleme bei mir ab. Er beklagt sich, dass er seine Freundin nicht oft genug sieht, dass ihn am Arbeitsplatz niemand mag und dass seine Eltern ihn immer noch wie ein Kind behandeln. Ich weiß, dass gute Freunde auch gut zuhören können sollten, doch nach einiger Zeit fühle ich mich ausgenutzt. Wie kann ich solche Unterhaltungen taktvoll beenden?

Es macht Freude, einem Freund zu helfen, der Probleme hat, und ein guter Freund sollte immer auch ein guter Zuhörer sein. Doch auch ein guter Freund ist nur begrenzt aufnahmebereit für Klagen. Das Schlüsselwort hier ist *begrenzt*. Setzen Sie daher auch dem Zeitraum, in dem Sie über die Probleme eines Freundes diskutieren und ihm dazu Ratschläge erteilen, klare Grenzen. Selbst wenn Sie Ihrem Freund noch so gern helfen würden, ist es in Wahrheit doch so, dass niemand ihm die Lösung seiner Probleme abnehmen kann.

Begrenzen Sie die Zeit des Diskutierens über Probleme, indem Sie Ihrem Freund zunächst sagen, dass Sie sich gut in seine Notlage hineinversetzen können. Das bestätigt ihn in seinen Gefühlen und zeigt, dass Sie zuhören. Wenn Sie ihn dann fragen, welche Handlungsoptionen er für sich sieht, zeigen Sie ihm deutlich, dass Sie nicht derjenige sind, der für ihn seine Probleme löst. Sie können zum Beispiel sagen: »Sam, das klingt so, als ob du es am Arbeitsplatz gerade wirklich nicht leicht hast. Also, welche Handlungsmöglichkeiten hast du?« Vielleicht antwortet Ihr Freund, dass er keine Ahnung hat, weil er sich von Ihnen Ratschläge oder die Fortsetzung der Problemdiskussion wünscht. Sagen Sie stattdessen: »Also, ich bin sicher, dass dir dazu etwas Gutes einfallen wird.«

Weil eine Freundschaft keine Einbahnstraße ist, haben Sie das Recht, auch von Ihrem Freund zu erwarten, dass er gut zuhören kann. Wechseln Sie das Thema und kommen Sie auf etwas zu sprechen, das Sie interessiert, indem Sie sagen: »Ich wollte dir übrigens etwas über … erzählen.« Beenden Sie dann Ihr Gespräch auf positive Weise und sagen Sie: »Ich hoffe, dass die Lage an deinem Arbeitsplatz bald besser wird.«

Ein paar Worte zum Schluss

Zusammenfassend sollten Sie beim Abschluss Ihrer Gespräche auf Folgendes achten:

- Versuchen Sie immer, den Austausch mit etwas Positivem zu beenden. So wird Ihr Gegenüber mit dem Gespräch zufrieden sein.

– Nennen Sie Ihren Gesprächspartner beim Namen, machen Sie ihm ein Kompliment wie: »Es war sehr schön, mit Ihnen zu sprechen« und geben Sie ihm zum Abschied die Hand.

– Versuchen Sie, sich mit dem Betreffenden in nicht allzu ferner Zukunft für eine gemeinsame Aktivität zu verabreden – innerhalb der nächsten ein bis zwei Wochen. Sagen Sie: »Ich freue mich schon darauf, dich bald wiederzusehen.«

– Sagen Sie Ihrem Gesprächspartner, dass Ihnen die Unterhaltung gefallen hat und dass Sie nun weiterschlendern werden, um mit jemand anderem zu reden, sich etwas zu trinken zu holen, einen Freund zu begrüßen oder wonach Ihnen gerade zumute ist, und tun Sie das dann.

– Halten Sie Ihre Verabschiedung kurz und knapp und vor allem freundlich und warmherzig.

TEIL III

MIT ONLINE-NETZWERKEN SOZIALE, GESCHÄFTLICHE UND PERSÖNLICHE KONTAKTE AUSWEITEN

9. Soziale Netzwerke und Blogs erkunden

Das Internet ist die wichtigste Entwicklung in der Geschichte der menschlichen Kommunikation seit der Erfindung der Anklopf-Funktion beim Telefon.

Dave Barry (geb. 1947),
Autor, Kolumnist

Vor Kurzem erhielt ich auf Facebook eine überraschende Nachricht: »Sind Sie der Herr Gabor, der in den späten 70er-Jahren an der Bradshaw Elementary School unterrichtet hat? Wenn ja, dann war ich einer Ihrer Schüler in der 5. Klasse!« Toll! Da sieht man mal, wie soziale Netzwerke wie Facebook Menschen dabei helfen, wieder Kontakt zueinander herzustellen – und das nach mehr als 30 Jahren! Noch erstaunlicher ist aber, was anschließend geschah: Innerhalb von zwei Wochen nachdem ich, ganz erfreut über die Kontaktaufnahme, meinem ehemaligen Schüler geantwortet und ihn als Facebook-»Freund« akzeptiert hatte, schickten mir sechs weitere Schüler aus der betreffenden Klasse Nachrichten. Dank Facebook sind wir jetzt alle Freunde und halten Kontakt im Internet.

Bevor Facebook, LinkedIn, XING und andere soziale Netzwerke entstanden, sind die Menschen einander dort begegnet, wo sie lebten, arbeiteten, ihre Freizeit verbrachten, beteten und reisten. Natürlich unterhalten sich die meisten Menschen auch weiterhin persönlich, doch die zunehmend beliebten Internetseiten sozialer Netzwerke wurden für viele zu einer bequemen Alternative, um miteinander zu reden, Kontakte zu knüpfen und Freundschaften zu schließen. Da viele Internetseiten kostenlos sind und international operieren, überrascht es nicht, dass sich Millionen von Menschen in aller Welt miteinander unterhalten und anfreunden.

Einem sozialen Netzwerk beizutreten ist einfach, doch diese moderne Art des sozialen Umgangs entwickelt und verbreitet sich in einem solch hohen Tempo, dass sie eine wahre Herausforderung werden kann. Es empfiehlt sich, zu wissen, wie man passende Internetseiten, Blogs und Menschen mit ähnlichen Interessen findet. Gleich nach der Anmeldung kann man anderen etwas über seine Person mitteilen und sich an Online-Unterhaltungen beteiligen, wobei im Umgang miteinander bestimmte Verhaltens- und Sicherheitsregeln zu beachten sind. Es gibt mehrere Arten von sozialen Netzwerken im Internet, die auf unterschiedliche gesellschaftliche Gruppen, Altersstufen, Interessengebiete und persönliche Zielsetzungen ausgerichtet sind. Zu den beliebtesten zählen facebook.de, myspace.com, linkedin.com, twitter.com, sowie match.com, eharmony.com, parship.de und edarling.de.

Fangen Sie mit Facebook und MySpace an

Facebook und MySpace sind die am weitesten verbreiteten und meistgenutzten sozialen Netzwerke, in denen man im Internet Menschen kennenlernen, Freunde gewinnen, alte Freunde wiederfinden und einfach mit anderen ins Gespräch kommen kann. Diese Internetseiten sind so konzipiert, dass Nutzer, die entweder in unmittelbarer Nachbarschaft oder weit voneinander entfernt leben, sich miteinander unterhalten, einander kennenlernen, Erfahrungen austauschen oder gemeinsame Interessen teilen können. Man kann sich an Diskussionen beteiligen oder Neuigkeiten und Informationen bekannt machen, indem man Nachrichten auf die Pinnwand eines Mitgliedes setzt. Eine Pinnwand ist eine freie Fläche auf der Profilseite jedes Nutzers, auf die Freunde Nachrichten mit Versanddatum und -uhrzeit für den Nutzer setzen können. Man kann auch direkt per E-Mail mit Mitgliedern kommunizieren. Obwohl Facebook und MySpace ursprünglich für das soziale Leben von Privatpersonen gedacht waren, nutzen inzwischen auch kleine und mittelständische Unternehmen, Kooperativen, gemeinnützige Organisationen und professionelle Dienstleister die sozialen Netzwerke, um ihre Produkte und Dienstleistungen Millionen von Freunden und Mitgliedern anzubieten. Man kann sich auf Facebook über jedes Thema unterhalten, wobei die beliebtesten Gesprächsthemen Prominente, Filme, Sport, Musik, Technik und geschäftliche Themen sind.

Ein Grund für die enorme Popularität von Facebook und MySpace ist, dass die Nutzung kostenlos ist. Darüber hinaus kann man problemlos sein Netzwerk von Freunden erweitern und mit anderen Mitgliedern Kontakt aufnehmen, die ähnliche Interessen, Erfahrungen und Ziele haben. Mit ein paar Mausklicks können Sie sich zum ersten Mal – oder nach längerer Zeit wieder – mit Menschen in Verbindung setzen, die Sie vom Arbeitsplatz, aus der Schule, der Universität oder aus einer Organisation oder einem Verband kennen. So können sowohl alte Freunde wiederfinden, mit denen Sie seit Jahren nicht gesprochen haben, als auch viele neue Freunde gewinnen!

Wenn Sie erst einmal bei Facebook oder MySpace ein Benutzerkonto und ein Profil erstellt haben, ist es ganz einfach, sich an Gesprächen zu beteiligen. Sie können

– Menschen suchen, die Sie kennen, und ihnen eine E-Mail mit einer Freundschafts-Einladung schicken,

– die Äußerungen Ihrer Online-Freunde verfolgen,

– selbst Kommentare und Fragen versenden,

– auf Kommentare und Fragen Ihrer Online-Freunde antworten,

– auf Internetlinks zu branchenspezifischen, sozialen, themen- oder gruppenbezogenen Ereignissen und Veranstaltungen hinweisen,

– im Rahmen von Gruppen und Diskussionen Kontakt zu anderen aufnehmen.

Berufliche Kontakte über Netzwerke wie LinkedIn oder XING herstellen

Wissen Sie, wie Sie Ihr berufliches Netzwerk ausbauen können, ohne Ihr Büro zu verlassen? Suchen Sie Stellenanzeigen in Ihrem Fachgebiet? Möchten Sie Ihre Produkte oder Dienstleistungen an möglicherweise interessierte Geschäftsleute vermarkten? Hätten Sie gern Hintergrundinformationen zu Ihren potenziellen Kunden, bevor Sie sie bei einem

Vertreterbesuch persönlich antreffen? Das sind nur einige der Vorteile, die es hat, XING oder LinkedIn beizutreten, beides in ihren Grundfunktionen kostenlose professionelle Netzwerke für berufliche Kontakte.* Darin können Sie die Profile von Mitgliedern lesen und Online-Diskussionsforen beitreten, die auf gemeinsamen beruflichen Interessen, Erfahrungen, Zusammenschlüssen und Zielsetzungen basieren. Wie bei den meisten anderen sozialen Netzwerken auch sind die Grundfunktionen kostenlos und problemlos anzuwenden. LinkedIn gibt an, weltweit 50 Millionen Mitglieder und Tausende sogenannter Communitys, also Interessengruppen zu haben, deren Mitglieder Kontakt zu Gleichgesinnten, Branchenexperten, Arbeitskollegen, Kunden und Verkäufern aufnehmen und pflegen und miteinander in Verbindung bleiben.

Es empfiehlt sich, an Online-Diskussionen in Alumni-Gruppen von Firmen oder Universitäten teilzunehmen, und auch in Gruppen von gemeinnützigen Organisationen, Handelsgruppen, Konferenzen und in branchenspezifischen Gruppen. Geschäftsentwicklung, Nachrichten und Medien, Wirtschaft und Technik sind nur einige Themen, zu denen Diskussionsforen ihren Mitgliedern einen interaktiven und professionellen Rahmen bieten. Sie können Branchennachrichten austauschen, Ankündigungen machen, Stellenanzeigen aufgeben und Personal suchen und vor Veranstaltungen Netzwerke mobilisieren. Die meisten Geschäftsleute sind einhellig der Auffassung, dass es leichter ist, das Eis bei einem persönlichen Treffen zu brechen, wenn der Kontakt zuvor über LinkedIn oder XING angebahnt wurde.

Wenn Sie sich für eine Gruppe interessieren, brauchen Sie nur das Profil des Gruppenleiters aufzurufen. Senden Sie ihm eine Nachricht, wenn Sie Fragen zu der Gruppe haben. Sind Sie schließlich der Meinung, die Gruppe könnte zu Ihnen passen, beantragen Sie Ihre Aufnahme, indem Sie auf den Link »der Gruppe beitreten« klicken. Denken Sie daran,

---

* Bei xing.com kann man mit der kostenlosen Mitgliedschaft zum Beispiel die Suchfunktionen nur eingeschränkt nutzen. Die volle Auswahl an Funktionen steht nur zahlenden Premium-Mitgliedern zur Verfügung. Bei linkedin.com sind mehr Funktionen kostenlos.

dass der Gruppenleiter alle Anfragen von Interessenten prüft und dass Sie für die Mitgliedschaft in einer Firmen- oder Universitätsgruppe möglicherweise eine gültige E-Mail-Adresse brauchen.

Wenn Sie bei LinkedIn oder XING ein Benutzerkonto und ein persönliches Profil erstellt haben, können Sie ganz leicht Gespräche mit anderen Mitgliedern anfangen, und zwar so:

– Suchen Sie nach Menschen, die Sie kennen, und schicken Sie ihnen eine E-Mail.

– Wenn Sie sich beide kennen, laden Sie die Person als neuen Kontakt ein.

– Sehen Sie sich nach Gruppen um, denen Sie beitreten können.

– Beantworten Sie die Fragen anderer Nutzer.

– Schreiben Sie Ihren Kontakten Empfehlungen.

– Bitten Sie zufriedene Nutzer der Netzwerke, Empfehlungen für Sie zu schreiben.

– Weisen Sie auf Internetlinks und Neuigkeiten zu branchenrelevanten Ereignissen hin.

– Stellen Sie durch Diskussionen und in Gruppen Kontakt zu anderen Mitgliedern her.

»Was machst du gerade?« Twitter informiert jeden, der das wissen will

Den Online-Dienst Twitter gibt es seit 2006 und er beruht darauf, dass Nutzer mit dem Versand von sogenannten »Tweets«[*] im Umfang von 140 Zeichen die Frage beantworten: »Was machst du gerade?« Die

---

[*] »Tweet« kommt vom Englischen »to tweet« = zwitschern. Diejenigen, die sich an dem Austausch beteiligen, nennen sich »Twitterer«.

»Tweets« werden auf der Profilseite des Autors angezeigt und an dessen Abonnenten, auch »Followers« genannt, verschickt. Wie auch in anderen sozialen Netzwerken schreiben die Menschen hier über populäre Themen wie Essen, Politik, Reisen und darüber, was ein von ihnen verehrter Prominenter gerade tut. Der Twitter-Experte Joel Comm schreibt: »Auf der Internetseite dürften zwar mehrere Millionen Twitterer mitteilen, was sie gerade tun, und mit anderen darüber reden, doch obwohl es so viele sind, hat man das Gefühl, dass jeder Einzelne auch wirklich ein Freund sein könnte, wenn man wollte.«

Wenn man bei Twitter ein Benutzerkonto und ein Profil angelegt hat, ist es ganz leicht, in Unterhaltungen einzusteigen. Dazu muss man nur

– täglich Fragen und Antworten als Tweet verschicken, um eine Diskussion zu initiieren oder Reaktionen zu erhalten,

– die Tweets von anderen verfolgen und zeitnah beantworten,

– auf Internetlinks und Nachrichten hinweisen, die sich auf branchenspezifische, soziale, thematisch passende oder für eine bestimmte Gruppe relevante Ereignisse beziehen,

– auch in anderen sozialen Netzwerken oder Diskussionsforen Kontakt zu anderen Twitter-Teilnehmern aufnehmen.

Über eine Online-Singlebörse den oder die Richtige finden

Sind Sie es leid, in Bars angequatscht zu werden? Haben Sie keine Lust mehr auf Blind Dates? Bringen Sie bei Speed-Dating-Veranstaltungen kein Wort heraus? Wenn Sie sich für eine Alternative zu den konventionellen Methoden der Partnersuche interessieren, könnten Sie es Millionen anderer Singles gleichtun, die in Scharen auf beliebten Internetseiten wie www.match.com, www.parship.de, www.elitePartner.de* oder

---

* Bei edarling.de und elitepartner.de handelt es sich um TÜV-geprüfte Institutionen, parship.de erhielt im Jahr 2001 als einzige Agentur von der Stiftung Warentest die Note »Gut«.

anderen einen Partner suchen. Die Kosten für solche Online-Dienste und auch die Vermittlungsmethoden sind zwar unterschiedlich, doch bei den meisten füllt man zu Beginn einen detaillierten Fragebogen zu beziehungsrelevanten Themen aus. Danach werden den Teilnehmern Kandidaten für Verabredungen vorgeschlagen. Mitglieder bei eharmony.com und elitepartner.de erhalten »anonymisierte Partnervorschläge mit den am besten passenden Persönlichkeiten«. Die Seite www.match.com verspricht »eine Vielfalt an leistungsstarken Recherche-Tools, die helfen, Menschen anhand ihrer Interessen, ihres persönlichen Hintergrundes, ihres Wohnortes und anderer Parameter zu finden«. Als nächsten Schritt in diesem modernen Kontaktsuche-Ritual lernt man den vorgeschlagenen Partner im Internet kennen, ohne dass die Identität der Beteiligten preisgegeben wird. Wenn beide Partner dies wünschen, können sie dann ihre Identitäten enthüllen und eventuell ein Treffen verabreden.

Die Partnervermittlung in sozialen Netzwerken im Internet hat gegenüber anderen Methoden, um die Liebe Ihres Lebens zu finden, mindestens drei Vorteile: Erstens versprechen die Dienste, Ihnen zu einer bestimmten Anzahl vielversprechender Verabredungen zu verhelfen. Die ermittelt eine intelligente Vermittlungssoftware, die mutmaßliche Fehlzuordnungen ausschließt. Zweitens können die Menschen bei Singlebörsen im Internet gemeinsame Interessen teilen, Fotos anschauen und ihre persönlichen Profile lesen, sodass sie leicht miteinander ins Gespräch kommen und sich Schritt für Schritt kennenlernen können, ohne sich gleich verabreden zu müssen. Das mindert die Unsicherheit, die manche Menschen vor einem Blind Date, vor Single-Veranstaltungen oder vor einem Barbesuch empfinden. Und wenn schließlich beide wirklich wollen, können auch Internetbekannte eine richtige Verabredung vereinbaren. Wenn nicht, ist eine Zurückweisung auf einer Partnervermittlungsseite nicht annähernd so persönlich wie bei einer direkten Begegnung oder am Telefon.

Unbekannte Welten – soziale Netzwerke für Spezialinteressen

Große soziale Netzwerke haben zwar die meisten Mitglieder, doch es kann auch informativ und unterhaltsam sein, beim Surfen im Internet gelegentlich auf einer Seite für Nischenthemen in einem Forum oder Blog ein Gespräch anzufangen. Wenn Sie auf www.wikipedia.org./ de gehen und den Suchbegriff »Soziales Netzwerk (Internet)« eingeben, erscheinen binnen weniger Sekunden die Namen von mehr als 200 Internetseiten von sozialen Netzwerken – jedes mit einer kurzen Beschreibung, Angaben über die Anzahl der registrierten Nutzer, das allgemeine Ranking der Seite und die Beitrittsvoraussetzungen. Es ist wirklich erstaunlich, zu sehen, wie viele soziale Netzwerke es zu jedem erdenklichen Hobby oder Interessengebiet gibt, deren Mitglieder sich größtenteils für ihr Leben gern unterhalten und neue Freundschaften im Internet schließen.

Blogs – eine weitere interessante Kommunikationsmöglichkeit im Internet

Vor Kurzem habe ich aus erster Hand erfahren, wie aus einem Beitrag in einem Internetblog eine einträgliche Geschäftsbeziehung wurde. Ich hatte in dem Blog eines sozialen Netzwerks für Datenbank-Manager einen Beitrag gelesen, der Technik-Freaks hinter dem Computer hervorlocken wollte, um sich mit Gleichgesinnten zu vernetzen. Es hat mich sehr gefreut, dass ein IT-Profi die Vorzüge von Netzwerken propagierte, doch noch spannender fand ich, dass er mein Buch *Wie man ein Gespräch beginnt und Freunde gewinnt* erwähnte.

Als Zeichen meiner Wertschätzung schickte ich dem Blogger eine kurze E-Mail und dankte ihm dafür, dass er seinen Gesinnungsgenossen mein Buch empfohlen hatte. Darüber hinaus beantwortete ich im Kommentarbereich seines Blogs die Frage, wie man Namen leichter im Gedächtnis behalten kann. In den folgenden Tagen tauschten wir Beiträge und E-Mails aus und telefonierten miteinander. Binnen weniger Wochen nach unserer ersten Unterhaltung im Internet engagierte er mich als

Coach für Netzwerk-Arbeit, empfahl mich auf LinkedIn und buchte mich als Redner für die Jahreshauptversammlung seiner Organisation.

Heute haben Millionen von Menschen, Unternehmen und Organisationen in aller Welt Blogs, um ihre Leser im Internet mit Kommentaren, Nachrichten und Ansichten über bestimmte Themen und mit Online-Tagebüchern auf dem Laufenden zu halten. Forscher, die soziale Netzwerke untersuchen, meinen, dass Blogs deswegen so beliebt sind, weil die Leser mit den Bloggern und anderen Lesern interagieren können, indem sie Beiträge versenden – zudem ist das Ganze kostenlos und einfach zu handhaben. Wer zahlreiche Blogs finden möchte, in denen Menschen jedes Thema unter der Sonne diskutieren, benutzt beliebte Suchmaschinen für Blogs wie www.technocrati.com, www.google.de/blogsearch oder für deutsche Seiten www.blog-sucher.de und www.deutscheblogcharts.de* Auf den Seiten sind Blogs aufgelistet, die ein Themenspektrum von Abziehbildern bis Zoologie abdecken und so ziemlich alles, was dazwischen liegt. Dann brauchen Sie sich nur noch einzuloggen und mit dem Blogger und seinen Lesern ins Gespräch zu kommen.

HÄUFIG GESTELLTE FRAGE

Ich bin überwältigt von der schieren Anzahl von Blogs. Welche können Sie empfehlen?

---

* Diese Liste wird wöchentlich aktualisiert und enthält die populärsten und meistverlinkten Blogs aus dem deutschsprachigen Raum.

Einige beliebte Blogs und worum es in ihnen geht

Es gibt buchstäblich Millionen von Blogs und Internetseiten, doch hier einige der laut www.deutscheblogcharts.de beliebtesten.

– **netzpolitik.org** Einer der populärsten Blogs in Deutschland zu Themen, die mit der digitalen Gesellschaft zusammenhängen: Meinungs- und Informationsfreiheit, freie Zugänglichkeit von Software und Inhalten im Internet und anderes. Der Initiator beschreibt seinen Blog als Mischung zwischen einem Medium und einer Nicht-Regierungs-Organisation, weil auch regelmäßig über entsprechende Kampagnen berichtet wird. (Der Blog wurde von der Organisation *Reporter ohne Grenzen* für Meinungsfreiheit im Internet ausgezeichnet.)

– **basicthinking.de** Ein stark frequentierter Blog zur Internettechnologie. Hier werden Themen wie aktuelle Trends im Internet, Technik, Software und Nachrichten zur Diskussion gestellt. (In die Schlagzeilen geriet der Blog 2009, als er meistbietend auf eBay versteigert wurde, was seiner Popularität keinen Abbruch tat.)

– **promiflash.de** Das Neueste über Stars, Sternchen, Lifestyle, Beauty und Ähnliches aus Deutschland und aller Welt. Täglich erscheinen aktuelle Beiträge, Videos und Fotos, die von den Lesern kommentiert und begleitet und in soziale Netzwerke getragen werden.

– **bildblog.de** Ein von mehreren Medienjournalisten betriebener Blog, der sich kritisch mit der deutschen Presselandschaft auseinandersetzt – anfangs nur mit den Publikationen der *Bild*-Zeitung, inzwischen auch mit denen anderer Medien. Ziel ist, Fehler, Persönlichkeitsrechtsverletzungen und Ähnliches in der Berichterstattung aufzudecken. Hierzu werden Berichte nachrecherchiert und die Leser sind aufgerufen, sachdienliche Hinweise beizusteuern. Der Blog wurde mehrfach ausgezeichnet, unter anderem 2005 mit dem *Grimme Online Award*.

– **der-postillon.com** Eine Satireseite in der Aufmachung einer Tageszeitung, die mit dem Untertitel *Ehrliche Nachrichten* alle Ressorts abdeckt: von Wirtschaft, Politik, Medien, Wissenschaft, Medizin, Panorama bis hin zu Kleinanzeigen. Es erscheinen nur satirische, kritische und absurde Meldungen mit viel Wortwitz und Leser sind aufgerufen, eigene absurde Ideen einzusenden.

Erkunden Sie viele Blogs und soziale Netzwerke – aber beteiligen Sie sich nur an wenigen

Ganz gleich, ob Sie soziale Netzwerke privat oder geschäftlich nutzen, Sie sollten vor einem Beitritt unbedingt prüfen, was sie zu bieten haben, wie die Richtlinien und Zielgruppen aussehen und wie hoch die Gebühren sind. Wenn Sie das wissen, können Sie sich für ein Netzwerk entscheiden. Machen Sie sich keine Gedanken, wenn Sie sich allein von der schieren Anzahl der sozialen Netzwerke und Blogs im Internet überwältigt fühlen. Sie können sich unmöglich an jedem Gespräch in einem sozialen Netzwerk beteiligen oder in jedem Blog, den Sie lesen, sinnvolle Kommentare schreiben. Deswegen raten Fachleute, zuerst nur einem oder zwei sozialen Netzwerken beizutreten und nur in wenigen Blogs Kommentare zu schreiben. Der Schlüssel liegt darin, sich regelmäßig zu beteiligen.

In vielen Blogs braucht man sich nur mit einem Nutzernamen und einer E-Mail-Adresse anzumelden, um Beiträge zu veröffentlichen. Wollen Sie aber in sozialen Netzwerken Fuß fassen, folgt nach der Anmeldung erst noch ein wichtiger Schritt: Sie müssen ein Online-Profil erstellen, das andere über Ihre Person und Ihre Interessengebiete informiert und das vor allem deutlich macht, dass Sie kontaktfreudig sind und gern Freundschaften schließen möchten. Ein gutes Profil im Internet bricht das Eis, noch bevor die Unterhaltung überhaupt angefangen hat.

10. Ein gewinnendes persönliches Online-Profil erstellen

Als ich neulich in den Spiegel schaute, fand ich, dass ich mich kaum verändert hatte, seit ich in meinen Zwanzigern war. Der einzige Unterschied ist, dass ich heute deutlich älter aussehe.

George Carlin (1937–2008),
amerikanischer Komiker und Autor

Wäre es nicht toll, wenn man, ohne im Internet überhaupt ein Wort mit einer Person gewechselt zu haben, schon wissen könnte, worüber der andere gern redet – seine Vorlieben, seinen Beruf, seine Ausbildung –, und vielleicht auch einige Hintergrundinformationen über ihn hätte? Kein Problem – Sie brauchen sich nur das Internetprofil der betreffenden Person anzuschauen! Das geht ganz leicht, weil die meisten Internetseiten sozialer Netzwerke wie Facebook, MySpace, LinkedIn und Twitter ihre Nutzer bitten, Profile zu erstellen, in die ein Benutzername, einige Grundinformationen über ihre Person und ein paar Anhaltspunkte dazu eingetragen werden müssen, was sie suchen (einen Job, Freunde, einen Partner, Geschäftskontakte usw.). Darüber hinaus wird man aufgefordert, die Rubriken »Zu meiner Person« und »Favoriten« auszufüllen und ein Foto hinzuzufügen.

Unser Online-Profil sagt etwas über uns aus, noch bevor wir dies selbst tun

Einige Menschen helfen bei der Darstellung ihrer Person in ihren Internetprofilen ein wenig nach, was zu Missverständnissen und Glaubwürdigkeitsproblemen führen kann. So hatte ich zum Beispiel einmal einen Kunden, in dessen Profil auf einer Seite für die Partnersuche sein Alter mit 43 Jahren angegeben war, obwohl er schon über 50 war. Unter »Ausbildung« stand Master, obwohl er nur einen Bachelor-Abschluss hatte. Er war ein ordentliches Stück kleiner als in seinem Profil angegeben. Und sein Bild war etwa zehn Jahre alt und zeigte ihn mit deutlich dichterem Haar und etwa fünf Kilo weniger Gewicht. Ich fragte ihn, warum er solche Angaben gemacht hatte, und wies ihn darauf hin, dass ihm das bei seiner ersten Verabredung zweifellos Probleme einbringen würde. Darauf sagte er: »Jeder frisiert sein Profil, und wenn ich es nicht mache, wird sich niemand bei mir melden. Ich kann ja dann bei dem Treffen immer noch sagen, was wirklich Sache ist.« Darauf konnte ich ihm nur eines antworten: »Viel Glück!«

Beziehungen beruhen auf Vertrauen. Das gilt im Internet ebenso wie im unmittelbaren Umgang. Ein Profil, das es mit der Wahrheit nicht so genau nimmt, dürfte kaum eine stabile Grundlage für eine Beziehung bilden, sondern eher für einige peinliche Unterhaltungen sorgen. Deswegen ist die wichtigste Strategie bei der Erstellung eines Profils: Seien Sie Sie selbst. Der Twitter-Experte Joel Comm empfiehlt in seinem hervorragenden Buch *Twitter Power* (deutsch etwa: Die Macht von Twitter), man solle sich vor dem Versand der ersten Nachricht erst einmal genau überlegen, wie das eigene Profil aussehen soll, und es dann mit zutreffenden Angaben einladend gestalten. Auch andere Social-Media-Experten sind der Auffassung, dass ein freundliches, brauchbares, einprägsames und ehrliches Profil die Grundlage für gute Kommunikation im Internet bildet. Ihr Profil spielt eine wichtige Rolle dabei, sinnvolle Gespräche anzufangen, auf andere anziehend zu wirken, in Online-Gruppen akzeptiert zu werden und die Internetbeziehungen zu pflegen.

Ein gut durchdachtes und interessantes Profil informiert über Themen, die Sie begeistern (Ihre »heißen Themen«) und wird Ihnen und Ihren Internetfreunden helfen, einander schneller kennenzulernen und mehr Spaß dabei zu haben. Mithilfe von aussagekräftigen Profilen können Menschen schnell und einfach eine Menge übereinander erfahren, sodass sie im Internet oder im persönlichen Kontakt mühelos ein energiegeladenes, interessantes Gespräch führen können.

Sechs Tipps für ein gewinnendes Online-Profil

Ihr Profil erzeugt das Image, mit dem Sie sich im Internet präsentieren, und weist andere auf Ihre Interessen hin sowie auf die Themen, über die Sie gern sprechen. Hier nun sechs Tipps, wie Sie im Internet vermitteln, dass Sie freundlich, aufgeschlossen und geradlinig sind, und dabei zugleich die richtige Art von »frei verfügbaren Informationen« liefern, die andere dazu einladen, Kontakt zu Ihnen aufzunehmen und im Internet ein Gespräch anzufangen.

Tipp 1: Seien Sie ungezwungen, präzise und zeigen Sie Interesse an anderen

Wenn wir jemanden persönlich treffen, lächeln wir ihn an, stellen Blickkontakt her und unterhalten uns beim Kennenlernen ungezwungen mit ihm. So erzielt man normalerweise die besten Ergebnisse, weil ein zwangloses Gespräch anderen oft die Befangenheit nimmt. Ein Online-Profil wirkt dann locker, wenn es sich eher wie eine Einladung zum Gespräch liest statt wie ein Lebenslauf in einem Bewerbungsschreiben. Wenn Sie Ihr Profil unterhaltsam gestalten, können sich die Menschen ein Bild von Ihnen machen und bekommen einen guten Eindruck von Ihnen. Ein solches Profil erzeugt Interesse an Ihrer Person und zeigt, dass Sie sich auch für andere interessieren. Ergänzen Sie die Angaben zu Ihrem persönlichen Hintergrund, Ihrer Erfahrung und Ihren Vorlieben mit kurzen, aber lebendigen Beschreibungen, die anderen interessante Einzelheiten liefern, auf die sie Sie ansprechen können. Bringen Sie darüber hinaus Ihren Wunsch zum Ausdruck, Menschen kennenzulernen, die ähnliche soziale, berufliche und – wenn in diesem Zusammenhang passend – persönliche Ziele verfolgen wie Sie. Dadurch wirken Sie noch zugänglicher, gesprächiger und interessanter.

Hier ein Beispiel: »Ich bin ein glücklich verheirateter Baby-Boomer mit einer Schwäche für gutes Essen und lebe seit 1979 in New York City. Wenn ich gerade keine Ratgeber schreibe, wie zum Beispiel *Wie man ein Gespräch beginnt und Freunde gewinnt*, oder Konversationsseminare leite, spiele ich Rock- und Folk-Gitarre, höre gern Jazz und Blues oder bin bei der Gartenarbeit (mein Spitzname lautet ›Donnie mit dem grünen Daumen‹). Darüber hinaus reise ich gern und probiere mit meiner Frau und Freunden neue Restaurants aus. Ich unterhalte mich für mein Leben gern – immer und überall und auch im Internet – und schaue, was andere Menschen und ich gemeinsam haben.« Informationen dieser Art kann man gut in ein Profil bei Facebook oder MySpace eintragen.

Tipp 2: Passen Sie Ihr Profil an das jeweilige soziale Netzwerk an

Der Twitter-Experte Joel Comm empfiehlt, sich mehrere Benutzerkonten mit unterschiedlichen Profilen anzulegen, um über verschiedene Themen schreiben zu können. Wenn Sie diese Idee auf alle sozialen Netzwerke übertragen, werden Sie sehen, dass eine Anpassung Ihres Lebenslaufes an die jeweilige Webseite es Ihnen erleichtern wird, die Menschen zu erreichen, mit denen Sie am liebsten Kontakt hätten.

Wenn Sie zum Beispiel von Beruf Wirtschaftsprüfer sind und Ihr Hobby ist das Restaurieren alter Boote ist, kann Ihr geschäftliches Twitter-Profil so aussehen: »Ich habe gerade einen Wirtschaftsratgeber veröffentlicht mit den Tipps, die ich meinen Kunden in den letzten 40 Jahren gegeben habe.« Ihr zweites Twitter-Profil kann hingegen aussagen: »Es ist mein Hobby, alte Kähne in tolle Boote zu verwandeln.«

Betonen Sie in Ihren Profilen auf Facebook und MySpace unterhaltsame Freizeitaktivitäten, denen Sie gern gemeinsam mit Freunden nachgehen. Zum Beispiel: »Ich treibe gern Mannschaftssportarten wie Volleyball, Softball und Bowling. Ich gehe gern mit Freunden ins Kino. Hinterher tauschen wir uns dann bei einem Kaffee, beim Essen oder bei einem Drink über den Film aus.«

Wenn Sie ein Profil für die Partnersuche im Internet erstellen, fügen Sie einige Angaben darüber ein, worauf Sie im Leben Wert legen und was Sie mit dem potenziellen Partner gern zusätzlich zu gemeinsamen Interessen und Aktivitäten und Ihrem Hintergrund teilen würden. Zum Beispiel: »Mir ist es wichtig, mit meinem Partner nicht nur gemeinsamen Freizeitaktivitäten nachzugehen und über Themen wie Politik, Geld und Religion reden zu können, sondern auch darüber, wie wir mit Alltagsfragen umgehen.«

Schreiben Sie für Internetseiten wie LinkedIn oder XING etwas formellere Profile, in denen Ihre Berufserfahrung und Ihre Ziele betont werden sowie Aktivitäten, denen Sie im Netzwerk mit Kollegen nachgehen, um Ihre Karriere zu fördern. Zum Beispiel: »Seit ... Jahren arbeite ich gern als ... für ... und betreue Kunden wie ... Meine unmittelbaren beruflichen Ziele sind ...«

Tipp 3: Halten Sie sich mit Selbstoffenbarungen zurück

Viele Menschen schauen sich typischerweise die Profile einer Person gleich auf mehreren Internetseiten an, um einen umfassenderen Eindruck von jemandem zu gewinnen, mit dem sie Kontakt aufnehmen möchten. Je nach dem Charakter der Internetseite kann man zwar einige persönliche Informationen in sein Profil eintragen, doch man sollte mit seinen Offenbarungen nicht zu weit gehen. Gehen Sie vorsichtig damit um und lassen Sie alles weg, was auf Ihre Gesundheit, Ihre finanzielle Situation oder Ihren persönlichen Hintergrund hinweist – kurz: alles, was Ihrer Privatsphäre oder einer gegenwärtigen Beziehung schaden könnte oder auf andere unerwünschte Art genutzt werden könnte. »Im Zweifelsfall weglassen« ist also eine gute Regel, an die Sie sich halten können, wenn Sie nicht sicher sind, ob Sie bestimmte Angaben zu Ihrer Person in Ihr Profil schreiben sollen.

Einige Informationen können Sie durchaus preisgeben – allerdings in sehr allgemeiner Form. Zu Ihrer Gesundheit können Sie zum Beispiel schreiben: »Ich fühle mich für mein Alter sehr jung.« Zu Ihren Finanzen könnten Sie anmerken: »Ich arbeite seit ... Jahren zufrieden als Angestellter.« Über frühere Paarbeziehungen können Sie sagen: »Ich halte es mit dem alten Sprichwort: Es ist besser, geliebt und verloren zu haben, als niemals geliebt zu haben.«

Tipp 4: Verleihen Sie Ihrem Profil Würze – mit Ihren »heißen Themen«

Mögen Sie gutes Essen so gern, dass Sie einen Kochkurs besuchen, häufig ins Restaurant gehen und verschiedene Zutaten und Rezepte ausprobieren? Engagieren Sie sich in irgendeiner Weise ehrenamtlich, zum Beispiel in einem Krankenhaus oder im Tierheim? Können Sie so ziemlich alles reparieren, was einen Motor oder ein Modem hat? Planen Sie einen Urlaub in Ihrem Heimatland oder im Ausland? Haben Sie Ihren Betrieb von Grund auf selbst aufgebaut? Wenn Sie Ihre Leidenschaften, wichtige Erfahrungen und Begabungen in Ihrem Profil hervorheben, zeigen Sie anderen, was Sie einmalig macht, und Sie liefern viele Themen, auf die man Sie gut ansprechen kann. So können Sie beispielsweise schreiben:»Ich bin von ... so begeistert, dass ich jeden Morgen schon beim Aufwachen an ... denke.«

Tipp 5: Verwenden Sie ein aktuelles Foto, auf dem Ihr Lächeln und Ihre Augen zu sehen sind

In persönlichen Gesprächen suchen Menschen Blickkontakt und warten auf ein Lächeln als Zeichen für Zugänglichkeit und Offenheit. Diesen Zweck erfüllt im Internetprofil eine Porträtaufnahme, auf der Sie freundlich lächeln und direkt in die Kamera schauen. Ein solches Bild sagt aus, dass Sie freundlich, vertrauenswürdig und gesprächsbereit sind. Veraltete Fotos, Aufnahmen, auf denen Sie deutlich anders aussehen (längere Haare, größere Gewichtsveränderungen usw.), oder Fotos, auf denen Ihr Gesicht zu klein ist, können täuschen und einen peinlichen Kommentar provozieren, wenn es einmal zu einer persönlichen Verabredung kommt:»Sie sehen ja ganz anders aus als auf Ihrem Foto.« Ziehen Sie in Erwägung, für ein Profil bei LinkedIn, XING oder anderen beruflich orientierten Internetseiten ein professionelles Foto machen zu lassen.

HÄUFIG GESTELLTE FRAGE

Ich möchte nicht danach beurteilt werden, wie ich auf einem Foto aussehe, sondern danach, wie ich wirklich bin. Ist das irgendwie verwerflich?

Manche Menschen fügen ihrem Profil lieber kein Foto hinzu, weil sie nicht nach ihrem Aussehen beurteilt werden möchten. Stattdessen verwenden sie eine virtuelle Figur, eine Comic-Figur oder eine Standard-Silhouette. Wenn Sie in Ihrem Profil auf ein Foto verzichten, kann das aber auch noch andere Botschaften transportieren und darauf hinweisen, dass Sie aufgrund Ihres Aussehens unsicher sind oder dass die Informationen in Ihrem Profil womöglich gar nicht zu Ihrem Foto passen. Die meisten Menschen sehen nicht wie Models aus – machen Sie sich also keine Gedanken, wenn Ihr Bild nicht perfekt ist. Potenzielle Freunde wollen einfach nur wissen, wie Sie aussehen, also geben Sie sich Mühe, ein Foto zu finden, auf dem Sie lächeln und Ihre Augen sagen: »Ich bin freundlich gestimmt und möchte mit Ihnen reden.«

Tipp 6: Verwenden Sie Fotos, die eine Geschichte über Sie erzählen

Fotos, die zeigen, wie ein Mensch aussieht und was er gern tut, helfen uns dabei, uns eine Meinung über jemanden zu bilden und Entscheidungen zu treffen. Wenn auf einem Bild zum Beispiel ein Mann im Tierheim zu sehen ist, der sich um Hunde oder Katzen kümmert, zeigt das, dass er Tiere liebt und für sie ein neues Zuhause finden möchte. Ein Foto von einer Frau auf einem Fahrrad oder beim Wandern auf dem Lande sagt aus, dass sie sich gern im Freien in schöner Umgebung bewegt und dass sie Wert auf Fitness und Gesundheit legt. Je mehr Bilder auf Ihrer Profilseite positive Geschichten über Sie erzählen, desto größer ist die Wahrscheinlichkeit, dass andere Sie interessant und anziehend finden. Während einige Seiten wie LinkedIn und XING nur Platz für ein Foto bieten, kann man auf Facebook und anderen Seiten mehrere Bilder einstellen. Ganz gleich, welche Seite Sie nutzen, wählen Sie ein oder mehrere Fotos, die am besten das von Ihnen gewünschte Image transportieren.

Ihr Online-Profil sollte vor Schwung, Pepp und Persönlichkeit nur so sprühen

Je aussagekräftiger und lebendiger die Einzelheiten sind, die Sie in Ihr Profil schreiben, desto leichter gewinnen andere eine Vorstellung von Ihrer Persönlichkeit und von Interessen, Erfahrungen und Zielen, die Sie vielleicht gemeinsam haben – und zwar noch bevor Sie auch nur ein Wort miteinander gewechselt haben. Sie wissen nun schon, wie Sie ein Profil für Ihre bevorzugten sozialen Netzwerke erstellen. Der nächste Schritt besteht darin, in die Gespräche im Internet einzusteigen.

11. In Unterhaltungen im Internet einsteigen und Kontakte knüpfen

Ich habe viele beste Freunde, einige von ihnen kenne ich kaum!
Archie Bunker, Figur aus der US-Fernsehsehserie *All in the Family**,
gespielt von Carroll O'Connor (1924–2001),
amerikanischer Schauspieler, Produzent und Regisseur

Es gibt viele Wege, um sich im Internet auf den Seiten sozialer Netzwerke, mit Blogs und Twitter-Nachrichten an einer Unterhaltung zu beteiligen, doch nicht alle führen zu einem produktiven Austausch. Nachdem zum Beispiel einige Leser auf einer beliebten Internetseite für Bücher zu einem Roman einer Bestseller-Autorin sehr unschmeichelhafte Kommentare veröffentlicht hatten, antwortete diese mit einem langen und gleichermaßen bösartigen Beitrag im Internet. Augenblicklich reagierten weitere Mitglieder des Netzwerks und übten noch vernichtendere Kritik an ihrem Werk. Auf der Seite eines anderen sozialen Netzwerks, das sich mit Science-Fiction-Themen befasst, liefen einmal leidenschaftliche Debatten zwischen *Star Trek*- und *Star Wars*-Fans aus dem Ruder und eskalierten in einem rachsüchtigen Schlagabtausch. Dann gibt es noch die hingebungsvollen Nutzer von Macs einerseits und PCs andererseits, die sich eines Tages so sehr in eine hitzige technische Diskussion verstrickten, dass sie sich am Schluss in ihren Beiträgen nur noch gegenseitig beleidigten – und das auf einer Internetseite für professionelle Anwender. Keines dieser Beispiele verheißt Gutes für die Entwicklung künftiger Beziehungen.

---

* *All in the Family* ist eine beliebte US-amerikanische Sitcom aus den 1970er-Jahren, die auch in Deutschland ausgestrahlt wurde und im New Yorker Stadtteil Queens spielt. Neben anderen Themen wurden erstmals auch Rassismus, Homosexualität, Emanzipation u. Ä. behandelt.

Führen Sie Ihre Gespräche im Internet in freundlichem Ton

Der Ton, in dem man mit anderen Nutzern sozialer Netzwerke ins Gespräch kommt, macht die Musik für jeden darauffolgenden Austausch mit ihnen – sowohl im Internet als auch im persönlichen Kontakt. Wenn Sie mit Taktgefühl in die Unterhaltung einsteigen und sich an die allgemein akzeptierten Regeln der Online-Etikette halten, werden Sie nicht nur einen positiven ersten Eindruck hinterlassen, sondern größere Chancen haben, im Internet Beziehungen aufzubauen, die sich positiv entwickeln. Anstatt also Unterhaltungen im Internet als Konfrontationen zu betrachten, sollten Sie sie lieber als Chancen sehen, mit anderen Menschen in Kontakt zu kommen, sich mit ihnen auszutauschen und anzufreunden.

In vier Schritten in ein Online-Gespräch einsteigen

Es gibt viele Möglichkeiten, sich an einer Unterhaltung im Internet zu beteiligen. Die folgenden vier Schritte können Sie als eine Art Richtschnur nehmen, die Ihnen den Gesprächseinstieg erleichtert:

Schritt 1: Erst beobachten, dann kommentieren

Verfolgen Sie die Online-Diskussion erst eine Zeitlang, bevor Sie sich selbst mit einem Kommentar beteiligen. Das vermittelt Ihnen ein Gefühl für die Gruppenkultur, die Wertvorstellungen und den Gesprächsstil der Menschen auf der betreffenden Website. Passen Sie Ihren Stil dem Niveau an Formalität beziehungsweise Zwanglosigkeit der jeweiligen Online-Gemeinschaft an.

Schritt 2: Brechen Sie das Eis mit einem kurzen positiven Kommentar oder einer einfachen Frage

Der einfachste Weg, um in ein Gespräch im Internet einzusteigen, ist ein kurzer positiver Kommentar. Es ist völlig in Ordnung, Aussagen wie »Hervorragender Beitrag«, »Dito« oder »Bitte mehr davon« zu verschicken, doch belassen Sie es nicht dabei. Schieben Sie einen positiven Kommentar oder eine leicht zu beantwortende Frage nach. Damit wirken Sie freundlich und natürlich und zeigen, dass Sie sich am Gespräch beteiligen möchten.

Schreiben Sie Ihren Kommentar – genau wie auch jede andere schriftliche Korrespondenz – in Groß- und Kleinschreibung. Verwenden Sie auf keinen Fall NUR GROSSBUCHSTABEN, weil das bedeutet, dass SIE SCHREIEN. Wenn jemand zum Beispiel in einer Online-Unterhaltung schreibt: WAS HAST DU GETAN?, würde das nicht nur unhöflich wirken, sondern auch zeigen, dass der Absender diese Grundregel der Etikette im Internet nicht kennt.

Schritt 3: Steigen Sie intensiver in das Gespräch ein – mit Aussagen, die einen Nutzwert haben und zu einer Reaktion animieren

So können Sie Ihre Teilnahme vertiefen und die Diskussion anregen:

– **Stellen Sie offene Fragen:** »Was fandest du an ... so ...?«

– **Teilen Sie Ihre Ansicht mit:** »Ich machte auch eine merkwürdige Erfahrung, als ich ...«

– **Gehen Sie auf einen Punkt näher ein:** »Um noch ein Beispiel zu Ihrer Bemerkung über ... hinzuzufügen ...«

Bringen Sie Erfahrungen oder Erkenntnisse ein, die für andere informativ oder hilfreich sein könnten. Vermeiden Sie dabei lange, weit ausholende Beiträge oder Kommentare, die vom Thema ablenken. Stellen Sie in Ihren Beiträgen stattdessen Fragen und bitten Sie andere um ihre Ideen und Vorschläge zu einem bestimmten Thema. Zum Beispiel: »Dieses Dilemma kenne ich aus eigener Erfahrung, so etwas habe ich auch schon erlebt. Ich bin damit so umgegangen: ...« Oder: »Eine interessante Herausforderung. Welche Handlungsoptionen gibt es?«

Verzichten Sie auf sarkastische Bemerkungen und halten Sie sich mit Widerspruch und Beschwerden zurück

Sind Ihre Kommentare eher freundlich und regen zum Nachdenken an oder sind sie sarkastisch und rechthaberisch? Ihre Äußerungen ent-

138 Mit Online-Netzwerken Beziehungen ausweiten

hüllen mehr von Ihnen als nur Ihr Wissen und Ihre Erfahrung. Sie vermitteln anderen ein Bild von Ihrer Persönlichkeit und Ihrer Haltung zu den Vorstellungen anderer Menschen. Soziale Netzwerke sind Diskussionsforen; daher kann man darin auch kundtun, dass man anderer Meinung ist. Jedoch dürften scharfe oder besserwisserische Kommentare andere Besucher der Seite eher verstimmen und ihnen einen schlechten Eindruck von Ihnen vermitteln. Wenn Sie mit einem Beitrag nicht einverstanden sind, veröffentlichen Sie einige Fragen, mit denen Sie zeigen, dass Sie sich bemühen, die Ansichten und Meinungen anderer erst nachzuvollziehen, bevor Sie womöglich scharf formulierte Gegenpositionen versenden. Formulieren Sie Ihren Gegenstandpunkt sorgfältig und prüfen Sie ihn vor dem Versand noch einmal, damit Ihr Beitrag nicht streitlustig oder herablassend klingt. Nutzen Sie Internetblogs oder die Seiten sozialer Netzwerke niemals, um über jemanden zu lästern, seinen Ruf zu beschmutzen oder Ihrem Ärger über Einzelpersonen oder Organisationen Luft zu machen. Hier einige Dinge, die man bei der Online-Unterhaltung unbedingt tun, und einige, die man unbedingt unterlassen sollte:

+ Schauen Sie sich erst alle Nachrichten zu einem Thema an, damit Ihre Antwort auch in den Zusammenhang passt.

– Beziehen Sie keine Gegenposition nur um der Auseinandersetzung willen.

– Ignorieren Sie alle Aussagen von anderen, die aufwieglerisch sind und Hetze betreiben.

– Versuchen Sie nicht, klug zu wirken, indem Sie auf die Fehler anderer hinweisen.

+ Kommentieren Sie etwas, mit dem Sie einverstanden sind, bevor Sie Kritik üben.

– Präsentieren Sie Ihre Meinung nicht wie Tatsachen oder als die einzig mögliche Sichtweise auf ein Thema.

+ Äußern Sie Ihre Ansichten mit folgendem Vorbehalt: »Aus meiner Sicht ...« Oder: »Meine Erfahrung dazu ist ...«

Schritt 4: Senden Sie zeitnah und regelmäßig Kommentare

Wenn Sie sich an einer Diskussion im Internet beteiligen und eine Verbindung zu anderen aufbauen wollen, veröffentlichen Sie Ihre Kommentare zeitnah und regelmäßig. Sie müssen nicht alles kommentieren, sondern nur das, was Ihnen interessant und sinnvoll erscheint.

Regeln für Einladungen in soziale Netzwerke – Einen guten ersten Eindruck kann man nur einmal machen

In den meisten sozialen Netzwerken können die Mitglieder sich ohne Probleme miteinander vernetzen und ihre Kontakte und Freunde untereinander empfehlen und weitergeben. Wenn Unbekannte oder Nutzer, die sich nicht auf Empfehlung einer bekannten und vertrauenswürdigen Person melden, Ihrem eigenen Netzwerk beitreten wollen, haben Sie jedoch das Recht, dies abzulehnen. Fachleute empfehlen, die Annahme eines Freundschafts- oder Kontaktgesuches formal an folgendes Kriterium zu binden: »Ich möchte erst wissen, wer Sie sind.« Auch wenn Sie einem Menschen, der sich die Zeit nahm, Ihnen eine persönliche Nachricht zu seiner Kontaktanfrage zu schicken, umgehend antworten sollten, klicken Sie nicht automatisch auf »akzeptieren«, ohne sich die Homepage der betreffenden Person angeschaut zu haben sowie ihr Profil und ihre anderen Freunde. Wenn Ihnen ein Fremder Kontaktanfragen schickt oder Sie in sein Netzwerk einladen möchte, können Sie folgendermaßen reagieren:

– Fragen Sie: »Kennen wir uns?« Oder antworten Sie: »Erinnern Sie mich bitte noch einmal daran, woher ich Sie kenne.«

– Wenn Sie die Person nicht kennen, ignorieren Sie die Einladung oder lehnen Sie sie ab.

– Wenn Sie sich entschließen, die Freundschaftseinladung oder Kontaktanfrage eines Fremden abzulehnen, tun Sie das auf höfliche Art. Sie können sagen: »Danke für Ihre Einladung, aber ich akzeptiere keine Kontaktanfragen von Menschen, die ich nicht kenne.«

Wie Sie die Rückfrage »Kennen wir uns?« reduzieren und Zurückweisungen minimieren:

– Schreiben Sie eine kurze Notiz, wenn Sie jemanden in Ihr Netzwerk einladen. Erläutern Sie, woher Sie die Person kennen.

– Bitten Sie einen gemeinsamen Freund aus dem Internet, Sie miteinander bekannt zu machen.

– Wenn Sie nach langer Zeit wieder einmal Kontakt zu einem alten Freund herstellen wollen, senden Sie ihm zur Begrüßung eine E-Mail, bevor Sie ihn einfach als Freund oder Kontakt hinzufügen.

– Tauschen Sie einige E-Mails aus, bevor Sie eine Einladung zum Beitritt in Ihr Netzwerk aussprechen oder der Einladung in ein anderes Netzwerk folgen.

– Nutzen Sie auf Facebook oder LinkedIn die Funktionen »einen Freund vorschlagen« oder »einen Freund vorstellen« über einen gemeinsamen Kontakt.

HÄUFIG GESTELLTE FRAGE
Gibt es wirklich eine Online-Etikette?

Es gibt in der Tat eine Etikette für Unterhaltungen im Internet. Wenn Sie Freunde gewinnen und andere Mitglieder in Online-Gemeinschaften nicht verstimmen wollen, sollten Sie darauf achten, folgende Fehler zu vermeiden. Unterlaufen Sie Ihnen trotzdem, sollten Sie sie in jedem Fall korrigieren.

Die zehn größten Fehler bei Unterhaltungen im Internet und wie man sie korrigiert

Fehler Nr. 1: Ihren Kontakten im sozialen Netzwerk unablässig E-Mails mit Werbung für Ihre Produkte oder Dienstleistungen schicken.

Korrektur: Verschicken Sie nur Artikel, Links und andere Informationen, die Ihren Kontakten und Freunden nützen könnten.

Fehler Nr. 2: Ihren Kontakten im Internet unaufgefordert Mails mit politischem, religiösem oder sexuellem Inhalt schicken.

Korrektur: Wie auch in persönlichen Unterhaltungen ist es am besten, wenn Sie die Themen Sex, Politik und Religion gar nicht erst ansprechen.

Fehler Nr. 3: Personen, die Sie gar nicht kennen, um Unterstützung und Empfehlungen bitten.

Korrektur: Bauen Sie erst eine Beziehung auf, indem Sie zusammen an einem Projekt arbeiten. Dann können Sie den betreffenden Menschen auch um Unterstützung, eine Empfehlung oder Hilfe bitten.

Fehler Nr. 4: Alte Kontakte vernachlässigen oder aus den Augen verlieren.

Korrektur: Senden Sie Kontakten, die sich in letzter Zeit nicht gemeldet haben, kurze persönliche Nachrichten: »Wir haben schon länger nichts voneinander gehört. Wie geht es dir?«

Fehler Nr. 5: Ihren bestehenden Internetkontakten verfrüht neue Online-Freunde empfehlen.

Korrektur: Machen Sie es sich zum Prinzip, mit neuen Online-Freunden mehrere Gespräche zu führen, bevor Sie sie weiterempfehlen.

Fehler Nr. 6: Schlampig geschriebene Kommentare versenden.

Korrektur: Lesen und prüfen Sie Ihre Kommentare immer noch einmal, bevor Sie die Funktion »Senden« anklicken, um sicherzugehen, dass die Fakten (Daten, Namen, Adressen etc.) stimmen.

Fehler Nr. 7: Meinungsverschiedenheiten in ein flammendes Wortgefecht ausufern lassen.

Korrektur: Äußern Sie Ihre abweichende Meinung, ohne dabei die Meinungen anderer zu negieren. Sagen Sie: »Ich respektiere Ihre Ansichten, doch ich sehe die Situation (das Problem, die Lösung etc.) anders.«

Fehler Nr. 8: Schnappschüsse von sich selbst und Freunden ins Internet stellen.

Korrektur: Lassen Sie es einfach bleiben – auch wenn Sie meinen, dass Ihre Freunde schon nichts dagegen haben werden.

Fehler Nr. 9: Jemanden, der Sie nicht als »Freund« oder »Kontakt« akzeptieren möchte, zur Rede stellen.

Korrektur: Akzeptieren Sie die Zurückweisung und schauen Sie nach vorn. Wenn Sie das nächste Mal eine Einladung oder ein Beitrittsgesuch für ein Netzwerk verschicken, fügen Sie eine persönliche Notiz bei oder lassen Sie sich von einem gemeinsamen Kontakt vorstellen.

Fehler Nr. 10: Der Versuch, andere zu beeindrucken, indem Sie Hunderte Kontakte und Freunde sammeln.

Korrektur: Achten Sie auf die Qualität und nicht auf die Quantität Ihrer Kontakte.

Kein Wunder, dass so viele Menschen so viel Zeit in Internetunterhaltungen verbringen!

Dank der vielfältigen Möglichkeiten, die soziale Netzwerke und Internetblogs bieten, werden Ihnen sicher nie die Themen und Gesprächspartner ausgehen. Sie wissen jetzt, wie wichtig es ist, die »Straßenverkehrsordnung« für die Internetkommunikationswege zu kennen, damit Sie einen guten ersten Eindruck hinterlassen. Doch Menschen in sozialen Netzwerken kennenzulernen ist nur der erste Schritt auf dem Weg zum Aufbau von persönlichen Beziehungen.

12. Wie man Internetkontakte in persönliche Beziehungen verwandelt

Auf jeder Party gibt es zwei Arten von Menschen –
solche, die nach Hause gehen wollen, und solche, die das nicht wollen.
Leider sind beide meist miteinander verheiratet.

Ann Landers (1918–2002),
amerikanische Ratgeber-Kolumnistin

Nachdem sie im Jahr 2001 das Buch *Bowling Alone* (deutsch: Alleine Bowling spielen) des Harvard-Soziologen Robert Putnam gelesen hatten, das davon handelt, dass viele Menschen heutzutage ihre Nachbarn gar nicht mehr kennen, kamen die drei Computer-Freaks Scott Heiferman, Matt Meeker und Peter Kamali auf eine Idee. Heiferman sagte: »Das Internet kann einige ganz wunderbare Dinge, doch über geografische Gegebenheiten geht es komplett hinweg. Dabei leben wir noch immer in einer Welt, in der die lokale Ebene extrem wichtig ist.« Und so entstand die Internetseite www.meetup.com, eine anwenderfreundliche Seite, die Menschen in aller Welt hilft, an ihren Wohnhorten Treffen mit anderen zu organisieren.

Während das Internet ein großartiger Ort ist, um Themen zu ergründen und sich mit Menschen aus aller Welt zu unterhalten, ermöglichen Seiten wie www.meetup.com und www.tumblr.com ihren Mitgliedern nicht nur, Gruppen zu finden und ihnen beizutreten, sondern sogar, sich persönlich mit Gleichgesinnten zu treffen, die sich für Politik, Bücher, Spiele, Filme, Gesundheit, Haustiere, bestimmte Berufe und Hobbys interessieren.

Wenn man eine dieser Internetseiten nutzen möchte, braucht man nur seine Postleitzahl oder den Ort einzugeben, an dem man Menschen treffen möchte, sowie ein Thema, mit dem man sich gern befassen würde. Auf www.meetup.com werden Orte und Zeiten von Gruppentreffen und die voraussichtliche Anzahl der Teilnehmer angegeben. Wenn es in Ihrer Nähe zu einem bestimmten Thema noch keine Meetup-Gruppe gibt, können Sie selbst eine gründen. Bei der Suche nach einem Thema und den passenden Teilnehmern sowie bei der Planung und Terminierung des ersten Treffens leistet die Meetup-Seite Hilfestellung. Die Seite www.tumblr.com verschickt für die Treffen sogar kostenlose Ausstattungs-Sets mit Buttons, Aufklebern und Namensschildern.

Meetup-Veranstaltungen – vom Internet zum persönlichen Kontakt

Jeden Tag treffen sich Tausende von Gruppen, die auf www.meetup.com oder anderen Internetseiten sozialer Netzwerke zusammengefunden haben. Einige treffen sich zu geschäftlichen Zwecken, andere zum Vergnügen. Manche kommen zusammen, um ernsthaft zu diskutieren, andere, um sich ernsthaft zu amüsieren. Doch alle haben ein Ziel: sich von Angesicht zu Angesicht kennenzulernen und dabei hoffentlich persönliche Beziehungen aufzubauen. Hier einige Themen, zu denen Meetup-Veranstaltungen angeboten werden: Kunst und Unterhaltung, Beruf und Karriere, gesellschaftliche Gruppen und Lebensstile, Kulturen und Sprachen, Bildung, Gesundheit und Selbsthilfe, Hobbys, Internet und Technik, Kindererziehung und Familie, Haustiere, Politik und Engagement, Glaube und Religion, Wissenschaft, Soziales, Sport und Freizeit.

Wie Sie bei Meetup-Veranstaltungen zu einem bestimmten Thema das Eis brechen

Was sagen Sie aber nun, wenn Sie auf einer Meetup-Veranstaltung eingetroffen sind? Am leichtesten brechen Sie das Eis in einer Meetup-Gruppe, indem Sie sich auf die Umstände beziehen, welche die Gruppe zusammengeführt haben, und dazu eine leicht zu beantwortende Frage stellen. Sie können auch eine kurze Bemerkung zu Ihrer Person oder Ihren Vorlieben fallen lassen, oder Sie machen jemandem ein ehrliches Kompliment und schicken gleich eine Frage hinterher.

Hier einige Eisbrecher und Folgekommentare, die zeigen, dass Sie die Unterhaltung gern fortsetzen würden:

- **Bei einer geschäftlichen Meetup-Veranstaltung:** »Wie sind Sie darauf gekommen, sich selbstständig zu machen?«

- **Bei einer Meetup-Tanzveranstaltung:** »Ich liebe Swing und Tango. Welches sind Ihre Lieblingstänze?«

- **Bei einem Meetup-Abendessen:** »Ich bin zum ersten Mal bei einem Treffen im Restaurant dabei. In welchem Restaurant haben Sie sich beim letzten Mal getroffen?«

- **Bei einer Meetup-Veranstaltung für Führungskräfte in der beruflichen Neuorientierung:** »Ich strebe eine Laufbahn im Bereich ... an. Und Sie?«

- **Bei einer Meetup-Veranstaltung zum Thema Mode:** »Ihr Outfit gefällt mir sehr. Wo haben Sie das denn gefunden?«

- **Bei einer Meetup-Veranstaltung für Gartenarbeit:** »Ich habe fünf verschiedene Tomatensorten im Garten. Was haben Sie dieses Jahr angepflanzt?«

- **Bei einer Meetup-Veranstaltung für Wanderer:** »Ich bin neu in der Stadt und würde gern einige Parks und Erholungsgebiete kennenlernen. Können Sie mir ein paar schöne Orte empfehlen?«

- **Bei einer Meetup-Veranstaltung für Filmliebhaber:** »Einige von uns gehen nach dem Film zum Erfahrungsaustausch ins Café. Sie können gern mitkommen.«

- **Bei einer Technik-Meetup-Veranstaltung:** »Ich gehöre noch einer anderen Meetup-Gruppe an, in der wir Software testen und bewerten. Haben Sie auch schon einmal neue Produkte erprobt?«

- **Bei einer Meetup-Weinprobe:** »Ich hoffe, dass die Weine heute Abend so gut sind wie bei unserem letzten Treffen. Welche haben Ihnen am besten gefallen?«

Tipps, um Gespräche in Meetup-Gruppen in Gang zu halten

– Achten Sie auf Schlüsselworte und auf frei verfügbare Informationen, um herauszufinden, welche Folgefragen Sie stellen könnten und was Sie selbst zum Gespräch beitragen könnten.

– Stellen Sie offene Fragen, bringen Sie Informationen ins Gespräch ein, die an die Aussagen der anderen anknüpfen, und teilen Sie mit, worüber Sie gern sprechen würden.

– Geben Sie Schritt für Schritt Informationen über Ihre Person, damit die anderen Gruppenmitglieder Sie kennenlernen können.

– Achten Sie darauf, in ausgewogenem Maße zu reden und zuzuhören.

– Versuchen Sie nie, ein Gespräch zu dominieren oder jemandem etwas zu verkaufen.

HÄUFIG GESTELLTE FRAGE

Auf der Internetseite eines beliebten sozialen Netzwerks hatte ich mit einer Person mehrere Gespräche. Jetzt wollen wir uns persönlich treffen, doch ich weiß nicht, wo und in welchem Rahmen. Was schlagen Sie vor?

Seien Sie vorsichtig bei persönlichen Treffen

Mal ehrlich – obwohl die meisten Menschen, denen man in Meetup-Gruppen begegnet, aufrichtig sind und man sich in der Regel gefahrlos mit ihnen treffen kann, ist es klug, einige Vorsichtsmaßnahmen zu treffen, um nicht in eine prekäre oder unsichere Lage zu geraten:

– Geben Sie nie jemandem, den Sie nicht gut kennen, Ihre Privatadresse oder Informationen über Ihre Person oder Ihre finanzielle Situation.

– Wenn Ihnen das Verhalten eines Teilnehmers bei einer Meetup-Veranstaltung unangenehm ist, beenden Sie den Austausch höflich und unterhalten Sie sich mit jemand anderem. Wenn ein solcher Teilnehmer Sie belästigt, bedroht, unangemessene Wünsche äußert oder sich eindeutig sexuell äußert, verständigen Sie in jedem Fall den Webmaster oder den Gruppenleiter.

– Wenn Sie jemanden außerhalb der Gruppe in einem anderen Zusammenhang treffen möchten, wählen Sie einen öffentlichen Ort und gehen Sie vorzugsweise in Begleitung von Freunden zu dem Termin.

– Wenn Sie die Person zu einem »Date« treffen, informieren Sie in jedem Fall jemanden darüber, wann Sie sich wo und mit wem aufhalten.

Wie aus Meetup-Kontakten neue Freunde werden

Wenn Sie durch Meetup-Veranstaltungen Kontakte zu anderen Menschen knüpfen, hat das unter anderem den Vorteil, dass Sie selbst wählen können, ob Sie mit einem Gruppenmitglied auch außerhalb der Gruppe gern Freundschaft schließen würden. So führte ich zum Beispiel bei geschäftlichen Meetup-Veranstaltungen in meiner Region mehrere längere Gespräche mit einem anderen Mitglied. Es stellte sich heraus, dass wir neben den beruflichen Belangen mehrere gemeinsame Interessen hatten. Er war früher Profikoch und ich habe Kunden in der Restaurantbranche. Er ist häufig nach Asien gereist und ich bin von Japan und der japanischen Küche fasziniert. Seine Spezialität ist die Zubereitung von Salsas und ich züchte Tomaten. Da wir viel Gesprächsstoff hatten, verabredeten wir uns für die darauffolgende Woche in einer nahe gelegenen Konditorei auf einen Kaffee. Nachdem wir uns über Essen, Reisen und die Restaurantlandschaft unterhalten hatten, bot er an, mit meiner nächsten Tomatenernte eine ordentliche Portion seiner Spezial-Salsa zuzubereiten. Das klang sehr gut!

So können aus einem anfänglichen Kontakt im Internet Freundschaften entstehen. Wenn Online-Freundschaften – genau wie persönliche – gepflegt werden, können sie über die Jahre weiter wachsen.

TEIL IV

DAS GESPRÄCH AUF DIE NÄCHSTHÖHERE EBENE BRINGEN

13.   Netzwerke bilden –
für Verbindungen, auf die es ankommt

Haben Sie keine Angst davor, dass andere Ihre Ideen stehlen könnten.
Wenn Ideen wirklich etwas taugen,
muss man sie den Menschen geradezu aufzwingen.

Howard Aiken (1900–1973),
Erfinder und Pionier der Computertechnik

Sie wissen natürlich, wie wichtig Netzwerkarbeit für Ihre Karriere und Ihr soziales Leben ist, doch wenn es Ihnen so geht wie den meisten anderen Menschen, dann zahlen sich das Geld, die Zeit und die Mühe, die Sie in den Besuch geschäftlicher und gesellschaftlicher Veranstaltungen investieren, nicht so aus, wie Sie es sich wünschen. Wenn Sie möchten, beantworten Sie doch die folgenden kurzen Fragen, um zu sehen, wie effizient Sie als Netzwerker sind. Im Anschluss folgen sechs Zielstrategien und drei Tricks, wie Sie am Ball bleiben, damit sich Ihre Netzwerkarbeit besser bezahlt macht.

Wie gut sind Sie als Netzwerker?

Was Sie beachten sollten:

– Beantworten Sie *ehrlich*, wie Sie tatsächlich an Ihrem Netzwerk arbeiten – und nicht, wie Sie es gern tun würden.

– Notieren Sie sich folgende Punktzahlen: häufig = 10 Punkte; manchmal = 5 Punkte; selten oder nie = 0 Punkte.

– Addieren Sie Ihre Punkte und stellen Sie anhand der Gesamtpunktzahl fest, welches Niveau Ihre Netzwerkarbeit hat.

1. Besuchen Sie Netzwerkveranstaltungen, die von mehr als nur einer Organisation gesponsert werden?

häufig ☐   manchmal ☐   selten oder nie ☐

2. Informieren Sie sich im Vorfeld des Ereignisses über den Veranstalter und die Teilnehmer?

häufig ☐   manchmal ☐   selten oder nie ☐

3. Überlegen Sie sich vor Ihrem Besuch der Veranstaltung, mit welchen Menschen Sie dort sprechen wollen?

häufig ☐   manchmal ☐   selten oder nie ☐

4. Informieren Sie sich bei der Veranstaltung zunächst über die Netzwerkziele der anderen Teilnehmer, bevor Sie über Ihre eigenen sprechen?

häufig ☐   manchmal ☐   selten oder nie ☐

5. Gesellen Sie sich zu Gruppen hinzu, in denen Unterhaltungen und die Netzwerkarbeit bereits voll im Gange sind?

häufig ☐   manchmal ☐   selten oder nie ☐

6. Beschreiben Sie, welchen Nutzen Ihre Tätigkeit bringt oder wie Sie anderen damit helfen können?

häufig ☐   manchmal ☐   selten oder nie ☐

7. Begrenzen Sie Ihre Unterhaltungen zeitlich, je nachdem, wie viel Zeit Sie insgesamt auf der Veranstaltung verbringen?

häufig ☐   manchmal ☐   selten oder nie ☐

8. Gehen Sie bei Ihren Besuchen von Netzwerkveranstaltungen auf die »Macher und Strippenzieher« zu?

häufig ☐   manchmal ☐   selten oder nie ☐

9. Schlagen Sie Ihren Gesprächspartnern vor, nach der Veranstaltung per E-Mail oder telefonisch Kontakt zu halten oder sich wieder zu treffen?

häufig ☐   manchmal ☐   selten oder nie ☐

10. Nehmen Sie im Anschluss an die Veranstaltung, um »am Ball zu bleiben«, auf mehr als nur einem Wege Kontakt zu den Menschen auf, die Sie dort kennengelernt haben?

häufig ☐   manchmal ☐   selten oder nie ☐

Punktzahlen und Bewertung

100–90 Punkte: Sie sind ein **hervorragender** Netzwerker. Um Ihren Einflussbereich über Einzelkontakte hinaus zu erweitern, sollten Sie zusätzlich zwischen Gruppen, deren berufliche und gesellschaftliche Interessen sich überschneiden, Kontakt herstellen.

75–85 Punkte: Sie sind ein **ausgezeichneter** Netzwerker. Um noch gezielter einflussreiche Personen kennenzulernen und die Qualität der Kontakte in Ihrem Netzwerk zu steigern, bitten Sie Ihre Geschäftspartner und sozialen Kontakte, Sie mit entsprechenden Menschen bekannt zu machen.

55–70 Punkte: Sie sind ein **passabler** Netzwerker. Damit sich die Arbeit an Ihrem Netzwerk besser auszahlt, sollten Sie versuchen, bestimmte Kontakte gezielt in geschäftliche oder soziale Beziehungen zu verwandeln.

50 und weniger Punkte: Sie sind ein **zurückhaltender** Netzwerker. Um Ihre Möglichkeiten im geschäftlichen und sozialen Bereich zu verbessern, sollten Sie sich wieder einmal mit Ihren bestehenden Kontakten in Verbindung setzen und sich fest vornehmen, mindestens einmal pro Monat geschäftliche und gesellschaftliche Veranstaltungen zu besuchen.

Sechs Zielstrategien für Verbindungen, auf die es ankommt

Es gibt zwar bei jedem Treffen, jeder Party und Veranstaltung unzählige Möglichkeiten zum Netzwerken, doch unsere Zeit, sie zu nutzen, ist immer begrenzt. Was kann man da tun? Dasselbe wie Profi-Netzwerker: Gezielt vorgehen oder die Menschen, mit denen wir sprechen wollen, nach Wichtigkeit ordnen. Das kann vor, während und nach der Veranstaltung geschehen – mit folgenden sechs Zielstrategien:

Ziel 1: Mit Menschen sprechen, die Einfluss und Macht haben

Um beim Netzwerken die besten Ergebnisse zu erzielen, müssen Sie mit den Menschen sprechen, die Ihnen helfen können, wirkungsvolle Kontakte herzustellen. Zu diesem Zweck sollten Sie bei Netzwerkveranstaltungen die meiste Zeit mit Menschen verbringen, die genügend Einfluss und Macht haben, um Sie mit anderen Menschen in Verbindung zu bringen. Wer diese Leute sind? Wenn die Veranstaltung von einer Firma oder einer Organisation gesponsert wird, suchen Sie auf deren Internetseite oder im Veranstaltungsprogramm nach den Namen folgender Personen:

– leitende Angestellte und Gremienmitglieder

– Hauptredner und Leiter von Workshops

– Verantwortliche für Fundraising, PR und Marketing

– Preisträger

Ziel 2: Um die Gästeliste bitten

Dies ist eines meiner liebsten und nützlichsten Instrumente in der Netzwerkarbeit. Warum ist eine Gästeliste so nützlich? Wenn Sie wissen, wer an der Veranstaltung teilnimmt, sind Sie aus folgenden Gründen erheblich im Vorteil. Sie können

— festlegen, mit welchen Menschen Sie am liebsten sprechen möchten, und dabei Prioritäten setzen,

— Hintergrundinformationen oder Themen recherchieren, die bestimmte Personen interessieren könnten,

— herausfinden, welches die Schlüsselfiguren in der Organisation sind,

— die Teilnehmerliste erneut durchgehen, um sich die Namen besser zu merken.

Wie beschaffen Sie sich eine Gästeliste? Ganz einfach – Sie brauchen nur die folgende Bitte an den Gastgeber oder Veranstalter zu richten:

Wäre es möglich, schon einmal eine Gästeliste für Ihre Veranstaltung (Party, Workshop, Treffen usw.) in der nächsten Woche zu bekommen? Wenn ich weiß, wer teilnehmen wird, hilft mir das, Kontakte zu knüpfen, und ich kann mir die Namen der Menschen besser merken. Ich sichere Ihnen zu, dass ich die Liste nicht für Marketing- oder andere Zwecke verwenden werde.

Einige Veranstalter werden Ihre Bitte zwar ablehnen, doch die meisten dürften einwilligen, wenn Sie nochmals bekräftigen, die Liste wirklich nur zum persönlichen Gebrauch und für nichts anderes zu verwenden.

Ziel 3: Darum bitten, mit anderen bekannt gemacht zu werden

Meine Mutter hat mir immer gesagt: »Es geht nicht darum, was du weißt, sondern wen du kennst.« Bei der Netzwerkarbeit ist aber eine andere Frage noch wichtiger: »Wer kennt Sie?« Kaum etwas kann Ihre Netzwerkarbeit stärker beschleunigen und zum Erfolg führen, als die

Bitte, mit anderen bekannt gemacht zu werden. Wenn eine einfluss-reiche Person Sie einer anderen einflussreichen Person vorstellt, über-mittelt das die Botschaft, dass Sie

– wichtig sind und dass es sich lohnt, Sie zu kennen,

– kompetent und professionell sind,

– zuverlässig und vertrauenswürdig sind.

Viele einflussreiche Menschen zögern jedoch, ihresgleichen Menschen vorzustellen oder für sie zu bürgen, die sie nicht gut kennen oder de-ren Geschäftsphilosophie sie nicht unterstützen. Wenn Sie mit Ihrem Wunsch, anderen Menschen vorgestellt zu werden, so selten wie mög-lich auf Ablehnung stoßen wollen, sollten Sie unbedingt

– die Person, von der Sie gern anderen vorgestellt werden möchten, kennen und ihr ebenfalls bekannt sein,

– begründen können, warum Sie gern mit einem bestimmten Men-schen bekannt gemacht werden möchten,

– in Ihrer Branche oder Organisation einen guten Ruf haben,

– denjenigen, der Sie vorstellen soll, nicht bedrängen oder aggressiv ansprechen, wenn er nicht sofort auf Ihr Anliegen reagiert.

Ziel 4: Erst geben, dann nehmen

»Das, was du gibst, kommt zu dir zurück« (wenn auch nicht unbedingt von derselben Person), das ist eine Geschäftsphilosophie, der sich vie-le erfolgreiche Menschen verschrieben haben. Diese Netzwerkstrategie wird Ihnen helfen, das zu bekommen, was Sie sich wünschen, weil an-dere Sie als jemanden sehen, der

– nicht nur seinen eigenen Erfolg im Blick hat, sondern auch auf an-dere Dinge Wert legt,

– sich für andere Menschen interessiert und sie dabei unterstützt, ihrerseits erfolgreich zu sein,

– das Prinzip »Eine Hand wäscht die andere« begriffen hat.

Wie erfahren wir, was andere Menschen brauchen? Bevor Sie Ihre wunderbaren Produkte, Dienstleistungen, Fähigkeiten und Ihr Fachwissen anbieten, stellen Sie zunächst die Frage: »Worin bestehen momentan Ihre größten Herausforderungen?« Oder: »Wer sind Ihre typischen Kunden?« Hören Sie dann aktiv zu und sondieren Sie, in welchen Bereichen Sie Unterstützung oder Ihr Fachwissen anbieten könnten. Dann können Sie vorschlagen: »Nach allem, was Sie mir erzählt haben, könnte ich Ihnen mit ... weiterhelfen.«

Ziel 5: Den eigenen Einflussbereich erweitern

Netzwerkarbeit ist bis zu einem gewissen Grad ein Zahlenspiel, bei dem Sie einen Vorteil daraus ziehen können, dass Sie zwischen möglichst vielen Menschen Verbindungen herstellen, die Ihnen gemeinsam nützen. Um Ihren Einflussbereich bei einer Netzwerkveranstaltung zu vergrößern, sollten Sie im Vorfeld so viel wie möglich über die Besucher in Erfahrung bringen, damit Sie beurteilen können, welche gemeinsamen Interessen und Ziele vorliegen. Darüber hinaus sollten Sie in Erwägung ziehen, Folgendes zu tun:

– Verhalten Sie sich wie ein Gastgeber, damit sich alle Teilnehmer, vor allem auch Neulinge, willkommen und wohlfühlen.

– Machen Sie gezielt ausgewählte Personen mit anderen einflussreichen Menschen bekannt.

– Beziehen Sie gezielt ausgewählte Teilnehmer in Gruppenunterhaltungen ein.

– Behalten Sie den gesamten Raum im Blick und sorgen Sie dafür, dass alle Teilnehmer einbezogen werden und netzwerken.

Ziel 6: Die Dauer Ihrer Gespräche bei Netzwerkveranstaltungen steuern

Sind Sie bei einer Veranstaltung schon einmal nicht mehr dazugekommen, jemanden anzusprechen, weil Sie sich zu lange mit einer anderen Person unterhalten haben? Wie Sie beim Netzwerken aus jeder Chance das Beste machen, ist in erster Linie eine Frage Ihres Zeitmanagements. Wie lange Sie mit jedem Einzelnen sprechen, hängt von verschiedenen Faktoren ab, unter anderem vom Status der Person, davon, ob sie Zeit hat, von der Reichweite Ihrer Diskussion und von Ihren Zielen bei der Netzwerkarbeit. Mithilfe der folgenden Formel können Sie herausfinden, wie viel Zeit Sie pro Person investieren sollten:

$$\frac{\text{Verfügbare Zeit für die Netzwerkarbeit}}{\text{Anzahl der Gesprächspartner}} = \text{Gesprächszeit pro Person}$$

Wenn Sie zum Beispiel eine Stunde Zeit haben, in der Sie mit sechs bis zehn Personen sprechen möchten, bleiben pro Person etwa fünf bis zehn Minuten Zeit. Der Trick besteht darin, flexibel zu sein und trotzdem seinen Zeitplan im Auge zu behalten. Auf folgende Weise können Sie ein Gespräch stilvoll beenden und zum nächsten übergehen:

Es gibt ganz offensichtlich noch vieles, worüber wir sprechen können, aber ich weiß, dass Sie ebenfalls hier sind, um möglichst viele Kontakte zu knüpfen. Ich will auch noch einige Leute begrüßen, bevor ich wieder gehen muss. Kann ich Sie daher in den nächsten Tagen anrufen, um unser Gespräch fortzusetzen?

Sie könnten auch vorschlagen:

Ich freue mich, dass wir Gelegenheit hatten, miteinander zu reden. Es hat mich gefreut, etwas über Ihr ... zu erfahren. Gleich will ich noch einigen Kollegen Hallo sagen, doch vorher würde ich Sie noch gern mit einigen anderen Personen bekannt machen, die ich hier kenne.

HÄUFIG GESTELLTE FRAGE:

Ich kann zwar sehr gut Gespräche anfangen und an meinem Netzwerk arbeiten. Doch ich schaffe es nie, am Ball zu bleiben und den Kontakt dann auch aufrechtzuerhalten. Was kann ich dagegen unternehmen?

Leiden Sie unter »Ballverlust« beim Kontakthalten?

Vielen Menschen gelingt es bei ihrer Netzwerkarbeit nicht, die geknüpften Kontakte regelmäßig weiterzuverfolgen, was den Erfolg ihrer Bemühungen meist deutlich schmälert. Hier drei einfache, aber wirksame Wege, um am Ball zu bleiben und die Gespräche, die man bei einer Netzwerkveranstaltung begonnen hat, fortzusetzen. Dabei spielt der Faktor Zeit eine ganz entscheidende Rolle – melden Sie sich daher binnen weniger Tage nach der letzten Unterhaltung zurück.

Weg 1: Eine kurze E-Mail

Die einfachste Methode, um am Ball zu bleiben, ist eine kurze und freundliche E-Mail. Darin schreiben Sie, dass Ihnen die letzte Begegnung gefallen hat und dass Sie den Austausch gern fortsetzen würden. Zum Beispiel so:

Es hat mich gefreut, Sie bei ... zu treffen, und ganz besonders froh war ich, mit Ihnen über ... zu sprechen. Vielleicht haben Sie ja Interesse, unser Gespräch fortzusetzen? Falls ja, freue ich mich, wenn Sie mir sagen möchten, wann Sie ein paar Minuten Zeit für ein Gespräch hätten. Ich rufe Sie dann an.

Weg 2: Ein Anruf

Ein kurzes Telefongespräch ist eine bequeme und persönliche Art, um bei einem neuen Kontakt im Netzwerk am Ball zu bleiben. Ganz gleich, ob Sie den Betreffenden persönlich erreichen oder auf seinen Anrufbeantworter sprechen – Sie sollten immer sagen, wer Sie sind, und daran erinnern, wo Sie sich getroffen haben. Das kann etwa so klingen:

Ich wollte mich kurz bei Ihnen melden und Ihnen sagen, dass es mir wirklich ein Vergnügen war, mit Ihnen über ... zu sprechen. Wenn Sie einmal ein paar Minuten Zeit haben, kann ich Ihnen die Informationen geben, um die Sie mich gebeten haben. Falls jetzt ein ungünstiger Zeitpunkt ist, teilen Sie mir bitte mit, wann ich Sie erreichen kann, und ich melde mich dann wieder.

Weg 3: Ein kurzes Treffen

Ein kurzes Treffen ist eine persönliche und effektive Möglichkeit, um mit jemandem Kontakt zu halten, den Sie bei einer Netzwerkveranstaltung getroffen und gesprochen haben. Wenn Sie einen kurzen und bequem einzurichtenden Termin vorschlagen, erhöht das die Wahrscheinlichkeit, dass die andere Person einwilligt. Sie können fragen:

Ich würde wirklich gern mehr über ... erfahren. Hätten Sie wohl vor oder nach unserer Veranstaltung in der nächsten Woche Zeit für ein kurzes Treffen bei einem Kaffee oder einem anderen Getränk?

Wenn Sie beide mehr Zeit investieren möchten, schlagen Sie vor, zusammen zu Mittag oder zu Abend zu essen. Vergessen Sie dabei nicht die Anstandsregel: Wer einlädt, übernimmt die Rechnung!

Drei Erfolgsfaktoren: Einfachheit, Ehrlichkeit, Einvernehmlichkeit

– **Halten Sie die Dinge einfach:** Gut geschriebene E-Mails, SMS (wenn sie nicht voller Tippfehler sind), Anrufe und kurze Treffen ermöglichen es Ihnen, einfach und ohne großen Zeitaufwand Kontakt zu halten.

– **Seien Sie ehrlich:** Ehrliche Hilfsangebote, die Sie auch wirklich einlösen, und Versprechen, die Sie halten, schaffen Vertrauen, ein gutes Verhältnis und eine wohlwollende Einstellung Ihnen gegenüber. Davon werden auch Sie profitieren, denn Sie bauen eine gemeinsame Beziehung auf.

– **Gestalten Sie die Dinge einvernehmlich:** Wenn Sie die Kommunikation aufrechterhalten, ohne andere mit Mails zu überschütten oder sie zu bedrängen, wird das eine einvernehmliche Verbindung zwischen Ihnen und Ihren Kontakten herstellen. Dadurch wird sich Ihre Beziehung mit jedem Treffen und jedem Gespräch weiter zum Vorteil für beide Seiten entwickeln.

Und genau darum geht es letzten Endes doch beim Netzwerken!

14. Neue Freunde gewinnen und alte Freundschaften neu beleben

Wenn ich keine Freunde habe,
habe ich gar nichts.

Billie Holiday (1915–1959),
Jazzsängerin

Das Geschenk einer lebenslangen Freundschaft

Seit 15 Jahren verbringe ich jedes Jahr im Frühjahr ein gemeinsames Wochenende mit den ESB, den *Eastside Boys*. Das ist ein Dutzend Jungs, mit denen ich meine gesamte Schulzeit zwischen Grundschule und Highschool verbracht habe. Bei unseren Treffen sind wir einfach zusammen und bringen uns gegenseitig mit Informationen aus Familie und Beruf auf den neuesten Stand (mal sind es gute Nachrichten, mal nicht so gute), spielen Karten, essen, erzählen oder erinnern uns an alte Geschichten und fügen auch ein paar neue hinzu. Das Besondere an unseren Treffen ist, dass wir uns alle schon so lange kennen und uns immer noch mindestens einmal im Jahr Zeit nehmen, um unsere Verbindung aufrechtzuerhalten. Wenn wir zusammenkommen, geht unsere alte Freundschaft genau an dem Punkt weiter, an dem wir zuletzt auseinandergegangen sind. Ich bemühe mich, mit meinen ESB-Kumpels eine lebenslange Freundschaft aufrechtzuerhalten, weil solche Freundschaften meine Lebensqualität steigern.

Für jeden, der Wert auf Gemeinschaft legt, ist es ein wichtiges Ziel, Freunde zu gewinnen. Die meisten Menschen haben nur wenige Freunde, denen sie ihre persönlichsten Gefühle und Informationen anvertrauen können. Wenn Sie jemandem Ihre Freundschaft schenken, vertieft das eine Beziehung. Leider gibt es viel zu viele Menschen, die das Gefühl haben, sie hätten niemanden, dem sie sich anvertrauen oder den sie einen guten Freund nennen könnten. Doch das kann sich ändern, denn man kann in jeder Lebensphase gute Freundschaften schließen.

Was ist Freundschaft?

Es heißt, dass Liebe blind macht, und Freundschaft bedeutet, dass man manches nicht zur Kenntnis nimmt. Freunde können Verbündete und Unterstützer sein oder einfach Menschen, die mitfühlen. Sie machen uns Mut, sagen uns ehrlich ihre Meinung, geben uns Feedback und jede Menge Ratschläge. Einem Freund können wir Dinge enthüllen, die kein anderer von uns erfahren würde. Ein Freund ist jemand, dem wir sensible Informationen anvertrauen können, weil wir wissen, dass er sie nicht gegen uns verwenden würde. Ein Freund ist auch jemand, der ähnliche Interessen und einen ähnlichen Erfahrungshintergrund hat wie wir selbst und der uns ein Gefühl von Erfüllung vermittelt. Weitere Bestandteile einer guten Freundschaft sind:

Geduld	Anregung	Trost	Vertrautheit
Respekt	Gleichheit	Spaß	Spontaneität
Verständnis	Verlässlichkeit	Flexibilität	eine andere Sichtweise
Teilhabe	Hilfe	Bereicherung	Mitgefühl
Lernen	Freiheit	Toleranz	Vertrauen
Gemeinsamkeit	Liebe	Sicherheit	Ehrlichkeit

Freunde gewinnen ist nicht immer einfach

Freundschaften zu schließen erfordert Zeit, Mühe, Engagement, Geben und Nehmen sowie viel Toleranz für die menschlichen Schwächen, die wir alle haben. Obwohl die meisten Menschen ihrer Familie und ihrem Beruf Priorität einräumen, kann man in jeder Lebensphase auch gute Freunde finden.

Suchen Sie dort Freunde, wo Sie Spaß haben

Es gibt unzählige Orte, an denen man Menschen kennenlernen kann, und zweifellos sind manche Orte besser geeignet als andere, um Kontakt zu potenziellen Freunden herzustellen. Der »richtige Ort« kann eine gesellschaftliche Veranstaltung sein, ein Andachtsort, eine politische Versammlung oder auch ein Kurs der Erwachsenenbildung. Wenn

Sie jemanden an einem Ort kennenlernen, an dem Sie beide Aktivitäten nachgehen, die Ihnen Freude bereiten, haben Sie schon etwas gemeinsam und können Freundschaft schließen.

Vier Grundprinzipien, um Freundschaften zu schließen und zu pflegen

- Ergreifen Sie die Initiative und gehen Sie auf andere zu.

- Zeigen Sie echtes Interesse an Menschen.

- Behandeln Sie andere freundlich und voller Respekt.

- Bringen Sie sich selbst und anderen Wertschätzung entgegen – als einmalige Persönlichkeiten, die viel zu bieten haben.

Wie Sie Menschen mit den gleichen Interessen kennenlernen

Nehmen wir einmal an, Sie sind ein Fotografie-Anfänger, der gern aufs Land fährt, um Bilder zu machen. Sie haben sich gerade eine neue Kamera angeschafft und beschließen, einen Fotokurs für Anfänger zu belegen. In diesem Kurs werden Sie andere Menschen kennenlernen, mit denen Sie mindestens eines gemeinsam haben: die Fotografie. Um dieses und andere sachverwandte Themen wird es am Anfang in vielen Ihrer Gespräche gehen. Beginnen Sie Ihre Unterhaltung, indem Sie sich danach erkundigen, warum die anderen den Kurs belegt haben. Dazu können Sie etwa fragen: »Was erhoffen Sie sich von diesem Kurs?« Und: »Wie lange fotografieren Sie schon?« Oder: »Wie sind Sie zur Fotografie gekommen?« Während der Unterhaltung gewinnen Sie einen Eindruck davon, ob Sie sich beide in der Gesellschaft des anderen wohlfühlen. Wenn dies der Fall ist, kann das vielleicht schon der Beginn einer neuen Freundschaft sein.

Neue Freundschaften können überall entstehen

Denken Sie einmal an all die Menschen, denen Sie bei der Arbeit, in der Nachbarschaft und vor allem bei Freizeit- oder gesellschaftlichen Veranstaltungen begegnen, an denen Sie teilnehmen. Dort gibt es viele potenzielle Freunde, zu denen Sie Beziehungen aufbauen können. Wenn Sie in Ihrer Nachbarschaft, bei der Arbeit oder im Waschsalon oft denselben Menschen begegnen, fangen Sie mit ihnen ein Gespräch an. Prüfen Sie, ob Sie etwas gemeinsam haben. Wenn die Bedingungen stimmen, bauen Sie eine Freundschaft auf. Lächeln Sie zunächst und sagen Sie Hallo, und wenn es sich ergibt, können Sie sich vorstellen und signalisieren, dass Sie den Kontakt gern vertiefen würden.

Halten Sie Ihren Kontakt freundlich und zwanglos

Wenn Sie sich bereits einige Male gegrüßt haben, wird sich bestimmt auch eine Möglichkeit bieten, stehen zu bleiben und sich ein paar Minuten zu unterhalten. Das kann am Arbeitsplatz, auf der Straße oder im Lebensmittelladen an der Ecke geschehen. Zeigen Sie dem anderen, dass Sie ihn gern besser kennenlernen würden, indem Sie sich ungezwungen mit ihm unterhalten. Dabei müssen Sie nicht tiefgründig sein oder beeindrucken. Besser ist es, locker, freundlich und offen zu wirken. Denken Sie daran: Small Talk übermittelt das Signal: »Ich interessiere mich für Sie und bin gesprächsbereit. Lassen Sie uns miteinander reden!« Small Talk bietet den Menschen auch die Möglichkeit, sich selbst zu fragen: *Möchte ich diesen Menschen näher kennenlernen?*

Stellen Sie sich zügig vor

Wenn zu Beginn eines Gespräches eine Pause entsteht, ergreifen Sie die Gelegenheit und sagen Sie:»Mein Name ist übrigens ... Und wie heißen Sie?« Je eher Sie sich vorstellen, desto leichter geht das. Denken Sie daran: Je länger Sie damit warten, desto unangenehmer kann es werden.

Konzentrieren Sie sich gleich auf »heiße Themen«

Je früher Sie herausfinden, wofür sich jemand begeistern kann, desto schneller können Sie feststellen, ob Sie etwas gemeinsam haben. Manchmal erfahren Sie schon etwas über einen Menschen, bevor Sie ihn wirklich kennenlernen. Vergessen Sie nicht, auf Gegenstände zu achten, die der andere bei sich hat, wie Einkaufstaschen mit Logos von Geschäften, Musikinstrumente, Sportausrüstung, Werkzeug, Baumaterialen – achten Sie auf alles, was auf die »heißen Themen« eines Menschen hindeuten kann. Fragen Sie dann:»Neulich sah ich Sie ... tragen. Beschäftigen Sie sich gern mit ...?«

Machen Sie eine Bestandsaufnahme mit Fakten und Einzelheiten zu einer Person

Wenn Sie mit jemandem zum zweiten oder dritten Mal sprechen, rufen Sie sich die Informationen aus Ihren vorherigen Unterhaltungen ins Gedächtnis: Er oder sie wird überrascht sein und sich geschmeichelt fühlen. Fragen wie:»Wie läuft die Jobsuche?« und »Wie kommen Sie im Garten voran?« zeigen dem anderen, dass Sie wirklich zugehört haben und sich dafür interessieren, was in seinem Leben geschieht. Ihr Gesprächspartner wird sich dadurch gut und wichtig fühlen. Konzentrieren Sie sich unbedingt auf Einzelheiten, die Ihnen der andere mitteilt, und vergessen Sie nicht, sich Schlüsselworte und frei verfügbare Informationen aus der Unterhaltung zu merken. Aus diesem Reservoir an Informationen können Sie auch später noch schöpfen, um Unterhaltungen aufrechtzuerhalten und zu steuern.

Seien Sie offen für ein kleines Schwätzchen

Wenn Sie jemanden besser kennenlernen möchten, sollten Sie daran denken, die Chancen, die sich für eine Unterhaltung bieten, auch wirklich zu ergreifen. Das wird Ihre freundliche, kontaktfreudige Haltung unterstreichen und signalisieren, dass Sie gern mehr über sie oder ihn erfahren würden. Ihre Aufmerksamkeit zeigt Ihr Interesse und Ihre Neugier und ermutigt den anderen, Ihnen mehr Informationen anzuvertrauen. Wenn Menschen beginnen, sich zu öffnen, zeigt das, dass sie Vertrauen zu Ihnen schöpfen und sich im Umgang mit Ihnen wohlfühlen. Das kann der Anfang einer Freundschaft sein.

Vorsicht: Wenn Sie jemanden gerade erst kennengelernt haben, gehen Sie nicht zu forsch vor. Seien Sie locker, ungezwungen und angenehm. Lassen Sie es langsam angehen und seien Sie nicht aufdringlich oder gar aggressiv.

Sprechen Sie eine lockere Einladung aus mit der Botschaft: »Ich würde Sie/dich gern näher kennenlernen«

Wenn Sie sich zwanglos mit jemandem unterhalten, den Sie gern näher kennenlernen würden, können Sie ein Treffen zu einem entspannten Gespräch bei einem Drink, Kaffee oder Eis oder eine andere ungezwungene Aktivität vorschlagen. Das zeigt, dass Sie den betreffenden Menschen mögen und ihn besser kennenlernen möchten. Wenn der andere Zeit hat und aufgeschlossen ist, wird er wahrscheinlich antworten: »Ja, warum nicht!« Versuchen Sie dann, direkt einen Termin zu vereinbaren, indem Sie sagen: »An welchen Tagen und um welche Zeit passt es Ihnen/dir denn?« Oder: »Wie wär's gleich heute Abend?« Oder: »Wann kannst du?«

Nach einigen angenehmen Gesprächen mit der Person können Sie sie zwanglos zu einer kurzen, zu dem jeweiligen Zusammenhang passenden Aktivität einladen. Dazu können Sie folgende Vorschläge machen:

- **Einem Arbeitskollegen:** »Meist esse ich in einem kleinen Restaurant ein paar Straßen weiter zu Mittag. Wenn Sie mögen, können Sie ja einmal mitkommen.«

- **Einem Nachbarn:** »Ich fahre zum Baumarkt, um einige Pflanzen (Baumaterialien usw.) zu besorgen. Möchten Sie mitkommen?«

- **Zu einem Mitglied in einem Verein oder einer Organisation:** »Ich gehöre auch ... an. Möchtest du auch einmal als Gast an einem unserer Treffen teilnehmen?«

HÄUFIG GESTELLTE FRAGE

Bei der Arbeit unterhalte ich mich mit einem Kollegen, den ich sympathisch finde. Ich würde gern mit ihm essen gehen, traue mich aber nicht, ihn zu fragen. Was könnte ich da tun?

Jemanden zu einem gemeinsamen Essen zu bewegen ist nicht allzu schwierig, wenn man bedenkt, dass nahezu jeder Mensch mindestens einmal pro Tag eine warme Mahlzeit zu sich nimmt. Wenn Sie sich mit jemandem unterhalten, den Sie schon ein wenig kennen – bei der Arbeit oder in einer anderen Situation –, achten Sie auf das heiße Thema »Essen«. Das Thema kann man ganz leicht ins Gespräch bringen, indem man sich einfach nach Restaurants in der Nähe erkundigt, nach Lieblingsgerichten des Gesprächspartners oder anderen Gerichten, an die er sich erinnert. Sagen Sie: »Kennen Sie hier in der Nähe einige gute Restaurants?« Oder: »Wie ist das Essen in dem Restaurant an der Ecke?« Oder: »Waren Sie schon einmal bei Louie's? Ich habe gehört, dass die Küche dort hervorragend sein soll!«

Wenn Sie festgestellt haben, dass Sie beim Thema Essen einen ähnlichen Geschmack haben, können Sie vorschlagen: »Wie wär's, wenn wir nächste Woche nach der Arbeit mal zusammen essen gingen? Ich kenne ein tolles kleines Lokal mit sehr gutem Essen und sehr schöner Atmosphäre.« Wenn der andere gern Zeit mit Ihnen verbringen möchte, wird er diese offene Einladung wohl annehmen. Jetzt ist es an Ihnen, Tag und Uhrzeit zu benennen. »Was haben Sie heute fürs Abendessen geplant? Hätten Sie Lust, mit mir einen Happen essen zu gehen?« Oder: »Welche Art Küche mögen Sie?« Das sind einfache Wege, um jemanden zu einem gemeinsamen Essen zu bitten. Wenn Sie gern zum Abendessen ausgeführt werden würden, müssen Sie wohl eine Einladung abwarten. Wählen Sie hingegen getrennte Kassen, ist das an keinerlei Erwartungen gebunden und es steht jeder Partei offen, die Verabredung zu initiieren.

Planen Sie eine gemeinsame Aktivität auf einem Gebiet, das Sie beide interessiert

Haben Sie mit jemandem erst einmal eine gewisse Zeit zwanglos verbracht, können Sie auch eine längere gemeinsame Unternehmung vorschlagen, an der Sie beide Interesse haben. Das könnte ein Kinobesuch sein, eine Radtour, der Besuch einer Sportveranstaltung oder ein gemeinsames Mittagessen im Restaurant. Was Sie unternehmen, spielt keine Rolle, solange sich beide für die Aktivität interessieren und es in erster Linie darum geht, Spaß zu haben. Wenn Sie verschiedene Optionen und einen Termin in der darauffolgenden Woche vorschlagen, erhöht das die Wahrscheinlichkeit, dass Sie eine positive Antwort erhalten. Sie könnten Ihre Einladung zum Beispiel mit diesen Worten beginnen: »Ich weiß noch, dass du neulich erwähnt hast, dass du gern … magst, daher wollte ich fragen, ob du Lust hättest, …«

— *»… an einem Abend in dieser Woche mit mir essen zu gehen?«*

— *»… am Wochenende ins Kino zu gehen?«*

— *»… am Sonntag zum Fußballspiel zu gehen?«*

— *»… am Donnerstag eine Ausstellung im Museum anzuschauen?«*

— *»… nach der Arbeit ein paar Sätze Tennis zu spielen?«*

— *»… am Strand spazieren zu gehen?«*

— *»… eine Radtour zu machen?«*

— *»… einen Internetkurs zu belegen?«*

Ein Telefongespräch als freundliche Art, einen Termin zu bestätigen

Rufen Sie Ihren Freund an, um den Termin für Ihre geplante Verabredung zu bestätigen und um einfach Hallo zu sagen. Obwohl einige Menschen ihre Verabredungen lieber per E-Mail bestätigen, ermöglicht ein Telefonat einen freundlicheren Austausch. Hier einige Tipps für angenehmere Telefongespräche:

— Machen Sie es sich bequem, am besten im Sitzen.

— Wenn sich der andere meldet, sagen Sie immer, wer am Apparat ist. *Sagen Sie niemals spaßeshalber:* »*Rate mal, wer dran ist!*«, sondern: »Hallo ..., hier spricht ... Hast du gerade ein paar Minuten Zeit?«

— Sagen Sie dem anderen, warum Sie anrufen: »Ich wollte nur unsere Verabredung bestätigen.« Oder: »Ich wollte nur mal Hallo sagen.«

— Stellen Sie eine Anschlussfrage zu irgendeinem Thema aus dem Leben des anderen, etwa: »Wie geht es mit deinem wichtigen Projekt voran?« Oder: »Wie war dein Blind Date?«

— Schließen Sie Ihr Telefonat mit einem freundlichen Kommentar ab, wie etwa: »Es war schön, mit dir zu reden.« Oder: »Wir sprechen uns bald wieder.« Oder: »Ich freue mich auf unser Treffen am Sonntag.«

Seien Sie offen für neue Erfahrungen mit anderen Menschen

Wenn ein neuer Freund Ihnen vorschlägt, gemeinsam etwas zu unternehmen, nehmen Sie die Einladung vorbehaltlos und ohne zu zögern an. Das intensiviert das freundschaftliche Gefühl des anderen Ihnen gegenüber und ermuntert ihn, mit Ihnen über seine Erfahrungen zu sprechen oder gemeinsam etwas zu unternehmen. Lassen Sie sich von Ihrem Freund mit neuen Orten, Menschen oder Gerichten bekannt machen oder mit etwas anderem, das er Ihnen gern zeigen möchte. Damit zeigen Sie sich offen und empfänglich für die Ideen Ihrer Freunde und diese werden das, was sie gern tun, bereitwillig mit Ihnen teilen.

Ihre offene Haltung erzeugt bei Ihren Freunden auch Ihnen gegenüber ein positives Gefühl, und sie werden aufgeschlossen für Ideen und Aktivitäten sein, die Sie vorschlagen.

Eine Einladung ablehnen

Manchmal verhindern Terminprobleme oder andere Gründe, dass Sie die Einladung eines neuen Freundes annehmen können. Wenn Sie dann allerdings sagen »Ich bin nicht in der Stimmung« oder »Mir ist nicht wirklich danach«, wirkt das wie Desinteresse. Wenn Sie zu viele Einladungen ablehnen oder verschieben, wird der andere daraus den Schluss ziehen, dass Sie kein Interesse an einem Treffen haben.

Um dem anderen mitzuteilen, dass Sie trotz Ihrer Absage gern Zeit mit ihm verbringen würden, könnten Sie etwa sagen: »Ich würde wirklich gern, aber ich bin stark mit ... beschäftigt. Können wir das vielleicht nächste Woche nachholen?« Ein geplantes Treffen können Sie auch mit diesen Worten verschieben: »Es tut mir leid, aber ich muss unser für ... geplantes ... leider verschieben. Wie wäre ... für dich? Die Einladung geht dann auf meine Rechnung. Ich muss mich nochmals entschuldigen.«

Erwidern Sie Einladungen immer und bitten auch Sie Freunde, etwas mit Ihnen zu unternehmen, das Sie selbst gern tun. Bemühen Sie sich, ihnen einige besondere Orte und Veranstaltungen vorzustellen, die Sie interessieren. Damit zeigen Sie anderen, dass Sie sie mögen, und geben zugleich über Ihre Neigungen und Leidenschaften Auskunft.

Vertrauen aufbauen

Freundschaften aufzubauen dauert seine Zeit und erfordert gegenseitiges Vertrauen. Damit Vertrauen entstehen kann, braucht es wiederum Zeit. Um das Vertrauen eines Menschen zu gewinnen, müssen Sie einige persönliche Informationen und Gefühle preisgeben, damit sich der andere wirklich ein Bild von Ihnen als Mensch machen kann. Mit der Zeit werden Sie und Ihre Freunde mehr und mehr persönliche Informationen miteinander austauschen und das Vertrauen wird wachsen. In den frühen Stadien einer Freundschaft sind viele Menschen unsicher, wie viel sie von sich preisgeben sollen. Wenn Sie dafür sorgen, dass die Informationen in ausgewogenem Verhältnis in beide Richtungen fließen, wird das Maß, in dem Sie sich selbst offenbaren, wahrscheinlich angemessen sein.

Stabiles Vertrauen in die Ehrlichkeit und Zuverlässigkeit des anderen zu entwickeln braucht seine Zeit, wohingegen ein Vertrauensbruch eine Beziehung auf der Stelle zerstören kann. Wenn ein Freund sich Ihnen anvertraut und Ihnen an der Freundschaft gelegen ist, sollten Sie das, was er Ihnen sagt, für sich behalten.

Freundschaften festigen und entwickeln sich mit der Zeit

Freundschaften sind wie Pflanzen: Sie wachsen langsam, aber beständig. Je mehr Erfahrungen Sie miteinander teilen, desto enger wird Ihre Freundschaft. Um zu verdeutlichen, dass Sie einen langjährigen Freund sehr schätzen, können Sie sagen:

– *Wir sind jetzt schon seit Langem eng befreundet.*

– *Wir haben schon tolle Zeiten zusammen erlebt.*

– *Ich weiß nicht, was ich ohne dich gemacht hätte.*

– *Vielen Dank für all die Hilfe und Unterstützung, die du mir in den vergangenen Monaten geleistet hast. Das hat wirklich sehr viel gebracht und ich weiß es sehr zu schätzen.*

– *Ich habe unsere Zusammenarbeit in den letzten Monaten wirklich genossen.*

Um einem neuen Freund mitzuteilen, dass Ihnen die gemeinsam verbrachte Zeit gefallen hat, können Sie sagen:

– *Das müssen wir häufiger machen.*

– *Es macht Spaß, mit dir zusammen zu sein.*

– *Ich bin froh, dass wir einander näher kennengelernt haben.*

HÄUFIG GESTELLTE FRAGE _____

Ich treffe mich mit einem alten Freund, den ich lange nicht gesehen habe. An welchem Punkt kann ich unser Gespräch wieder anknüpfen?

Wie man eine Freundschaft neu belebt

Vor Kurzem erhielt ich einen Anruf: »Hallo, ist da Don? Hier spricht jemand aus der Vergangenheit, Andy P. Weißt du noch? Wir haben vor 20 Jahren alle zusammen in einer Band gespielt.« Ich erkannte die freundliche Stimme am Telefon sofort.

Nachdem wir uns ein paar Minuten lang entspannt unterhalten hatten, verabredeten Andy und ich uns für einige Tage später, um uns gegenseitig auf den neuesten Stand zu bringen. Wir hatten viel Spaß und es war, als ob wir einander nie aus den Augen verloren hätten. Seitdem haben wir uns mehrmals gemeinsam mit unseren Ehefrauen getroffen: zum Abendessen bei meinem Freund zu Hause, zum Grillen in meinem Garten, zu Streifzügen durch die Stadt und zum gemeinsamen Besuch von Jazzkonzerten. Das alles geschah nur, weil Andy eines Tages beschlossen hatte, zum Telefon zu greifen und mich anzurufen, einfach nur, um mal wieder Hallo zu sagen. Ich bin froh, dass er das getan hat, denn dadurch wurde unsere Freundschaft wiederbelebt und geht nun weiter.

Lassen Sie bei einem alten Freund wieder von sich hören

Ganz gleich, ob Sie zehn, fünfzehn, fünfundzwanzig oder sogar fünfzig Jahre keinen Kontakt hatten – es ist nie zu spät, um eine Freundschaft neu zu beleben. Dazu ist nichts weiter nötig als

— ein Telefonat (wie Andys Anruf bei mir),

— eine kurze E-Mail oder eine handschriftliche Notiz,

— ein Wiedersehen bei einem Klassentreffen,

– eine Zufallsbegegnung bei einem gesellschaftlichen oder geschäftlichen Anlass,

– eine Recherche bei Facebook, MySpace, LinkedIn oder auf der Internetseite eines anderen sozialen Netzwerks,

– ein Besuch in dem Stadtteil, in dem Sie aufwuchsen, oder an einem ehemaligen Arbeitsplatz,

– ein gemeinsamer Freund, der weiß, wo ein alter Kumpel heute lebt.

Wie Sie das Eis brechen, wenn zu einem alten Freund lange kein Kontakt bestand

»Was hast du in all den Jahren gemacht?« ist wohl die Frage, die sich alte Freunde am häufigsten stellen und auf die auch Sie eine Antwort parat haben sollten. Darauf können Sie beispielsweise sagen: »Seit einigen Jahren lebe ich (mit meiner ...) und arbeite als ... (führe mein eigenes Unternehmen/mache eine Ausbildung als …/bin ich im Ruhestand usw.) Und du?«

Nennen Sie allerdings nur kurz einige Einzelheiten und erkundigen Sie sich auch bei Ihrem Freund danach, was er getan hat. Auf Besonderheiten können Sie näher eingehen, wenn Sie sich gegenseitig erst einmal über die großen Ereignisse im Leben informiert haben.

Vom Umgang mit sensiblen Fragen

»Bist du (noch) verheiratet?« und »Wie geht es der Familie?« sind Fragen, die unweigerlich angesprochen werden, wenn man sich im Gespräch mit alten Freunden auf den neuesten Stand bringt. Allerdings können diese Fragen aus ganz offensichtlichen Gründen ein peinliches oder unangenehmes Schweigen hervorrufen. Überlegen Sie sich stattdessen allgemeinere Fragen, die es dem anderen überlassen, wie viel oder wenig er von sich preisgeben möchte. Zum Beispiel: »Lebst du allein oder mit jemandem zusammen?« Oder: »Was machen deine Kinder heute so?« Oder: »Wie läuft das Geschäft (der Job)?«

Wenn Sie geschieden oder verwitwet sind, können Sie etwa sagen: »Ich bin seit Jahren geschieden.« Oder: »Leider muss ich sagen, dass ich meinen Ehemann (meine Frau) vor ... Jahren verloren habe.«

Wenn Sie gesundheitliche, finanzielle, berufliche oder persönliche Probleme haben, ist es das Beste, sie in der frühen Phase der Wiederbelebung einer alten Freundschaft auszusparen. Fangen Sie das Gespräch gleich damit an, sich über Ihre Probleme zu beklagen, wirkt das so, als ob Sie von Ihrem Freund eine Lösung erwarten würden.

Eine zerbrochene Freundschaft wieder kitten

Manchmal brechen Freunde aufgrund von gedankenlos dahingesagten Worten, einer Meinungsverschiedenheit oder einem Missverständnis den Kontakt zueinander ab, doch dabei muss es nicht bleiben. Wenn Sie sich mit einem alten Freund wieder versöhnen wollen, sollten Sie sich überlegen, als Erster ein Friedensangebot zu unterbreiten. Ergreifen Sie die Initiative und machen Sie mit einem Brief, einer E-Mail oder einem Anruf den ersten Schritt. Ganz gleich, ob es Ihre Schuld war oder nicht, entschuldigen Sie sich für Ihr Verhalten, das zu dem Bruch geführt hat, und Sie werden feststellen, dass dies Ihren alten Freund dazu bewegen wird, dasselbe zu tun. Um einen Streit aus der Vergangenheit beizulegen, können Sie sagen: »Ich möchte mich für ... entschuldigen. Ich war im Unrecht und es tut mir leid. Unsere Freundschaft bedeutet mir sehr viel, und wenn du auch willst, lass uns doch die Vergangenheit ruhen lassen.«

»Der beste Weg, einen Freund zu haben, ist, selbst einer zu sein« - Ralph Waldo Emerson

Man sagt, dass ein Freund jemand ist, der alles über uns weiß und uns trotzdem mag. Wenn Sie Freundschaften aufrechterhalten wollen, müssen Sie flexibel und tolerant sein. Akzeptieren Sie Ihre Freunde als einmalige Persönlichkeiten mit all ihren Problemen, Schwächen und Widersprüchlichkeiten, wie sie jeder Mensch hat. Wenn Sie dies tun, erhöht sich die Wahrscheinlichkeit, dass die Freundschaft bestehen bleibt.

Bittet ein Freund Sie um einen Gefallen, erfüllen Sie seinen Wunsch, wenn Sie irgend können. Ihre Freunde werden dasselbe auch für Sie tun. Wenn Sie anderen ein guter Freund sind, werden Sie auch gute Freunde haben. Sich gemeinsam weiterzuentwickeln und voneinander zu lernen ist einer der befriedigendsten Aspekte in einer freundschaftlichen Beziehung. In den besten Freundschaften werden die gemeinsame Entwicklung, das Lernen und Lachen nie aufhören.

15. Selbstsicher im Gespräch bei der ersten Verabredung

Ich kenne zwar die Frage nicht, aber die Antwort ist definitiv Sex.

Woody Allen (geb. 1935),
amerikanischer Schauspieler, Komiker, Drehbuchautor, Regisseur,
Schriftsteller, Musiker und Dramatiker

Die Wissenschaftler Raymond Fisman, Sheena Iyengar, Emir Kamenica und Itamar Simonson haben in einer Studie untersucht, nach welchen Kriterien Teilnehmer an Speed-Dating-Veranstaltungen potenzielle Partner für eine Verabredung auswählen. Es stellte sich heraus, dass sich bei einer fünfminütigen Begegnung bereits in der ersten Minute entscheidet, wer sich gern mit wem treffen würde. Mit anderen Worten: Der erste Eindruck zählt wirklich! In Bezug auf die jeweiligen Vorlieben stellten die Forscher fest, dass »Frauen bei Männern mehr Wert auf Intelligenz legen, während Männern das Aussehen von Frauen wichtiger ist«. Die Untersuchung erbrachte ebenfalls, dass Männer und Frauen oft potenzielle Partner auswählen, deren sozialer Status zu ihrem eigenen passt.

Ganz gleich, aus welchen Gründen man zu einer ersten Verabredung geht – es kann zweifellos nervenaufreibend sein; vor allem wenn man schon lange keine Dates mehr hatte oder neu auf diesem Gebiet ist. Es kann natürlich auch spannend sein, wenn Sie spüren, dass die Chemie zwischen Ihnen beiden stimmt, obwohl Sie zu Beginn vielleicht etwas schüchtern sind oder sich unbehaglich fühlen. Wie können Sie einander nun kennenlernen, ohne dass Ihre erste Verabredung den Charakter eines Vorstellungsgespräches bekommt? Woher wissen Sie, worüber Sie reden sollten und worüber tunlichst *nicht*? Wie gehen Sie mit persönlichen oder peinlichen Themen um? In all diesen Fragen können Ihre Konversationsfähigkeiten sowohl Ihnen als auch Ihrem neuen Bekannten sehr hilfreich sein, um einander kennenzulernen und sich dabei wohlzufühlen. Darüber hinaus können Sie anhand der ausgetauschten Informationen leichter feststellen, ob Sie beide genügend Gemeinsamkeiten haben, um sich ein zweites oder drittes Mal zu treffen oder um sogar eine Liebesbeziehung anzufangen.

Zu Beginn der ersten Verabredung – das Gespräch in Gang bringen und den richtigen Ton treffen

Unabhängig davon, ob Sie den potenziellen Partner bei Ihrer ersten Verabredung bereits kennen, ihn gerade erst kennengelernt haben oder ob es sich um ein Blind Date handelt – der anfängliche Austausch legt Ihren Umgangston für alles Folgende fest. Dabei ist natürlich auch wichtig, was Sie sagen. Doch *wie* Sie es sagen – das heißt Ihre Körpersprache und der Klang Ihrer Stimme –, hat starken Einfluss auf das Gefühl, das zwischen Ihnen beiden entsteht, und auf den ersten Eindruck, den Sie bei Ihrem Gegenüber hinterlassen. Lächeln Sie daher bei der ersten Zusammenkunft unbedingt, bieten Sie einen herzlichen – keinen geschäftlichen – Händedruck an und nehmen Sie viel Blickkontakt auf. Stellen Sie sich sofort auf die Körpersprache und den Ton Ihres potenziellen Partners ein. Sollte Ihre neue Bekanntschaft ganz besonders herzlich auftreten, können Sie zusätzlich oder statt des Händedrucks zur Begrüßung auch einen kleinen Kuss auf die Wange wagen. Dieses zusätzliche Stückchen Vertrautheit zu Beginn des Treffens kann auf Sie beide entspannend wirken und einen herzlichen Ton für das gesamte erste Gespräch vorgeben.

Ausgewogenes Erzählen und Zuhören hilft gegen anfängliche Nervosität

Machen Sie sich keine Sorgen, wenn Sie zu Beginn einer ersten Verabredung schüchtern oder nervös sind. Das ist ganz normal und geht vorüber. Der Trick, mit dem man die unangenehmen Anfangsmomente der ersten Verabredung überwinden kann, besteht darin, mit einer leichten Unterhaltung oder Small Talk einzusteigen. Das ermöglicht Ihnen, zur Ruhe zu kommen und schnell einen Gesprächsfluss in beide Richtungen in Gang zu setzen. Achten Sie dabei darauf, in ausgewogenem Verhältnis zu reden und zuzuhören. Wenn Sie Small Talk betreiben, können Sie Erfahrungen, Hintergrundinformationen und Vorlieben austauschen, die den Weg zu tiefer gehenden und einfühlsameren Gesprächen ebnen. Halten Sie sich in den ersten Minuten aber an leichte und positive Gesprächsthemen. Bringen Sie mit Fragen und eigenen Aussagen Themen ins Gespräch, die bei Ihnen beiden Interesse und Begeisterung wecken.

Werden Sie nicht zu ernst, fangen Sie nicht an, sich zu beklagen, und sprechen Sie keine unangenehmen Nachrichten oder Themen an.

Tauschen Sie zügig Hintergrundinformationen und Angaben zur Person aus

Wenn Ihre erste Verabredung in Gang kommt, werden Sie sich beide mehr persönliche Informationen vom jeweils anderen wünschen. Sie müssen nicht warten, bis Sie danach gefragt werden, sondern können auch durch Selbstoffenbarungen etwas von sich preisgeben. Das sollten Sie allerdings nur sparsam tun und in ähnlichem Umfang wie Ihr Gesprächspartner. Streuen Sie allgemeine Hintergrundinformationen zu Ihrer Person in die Unterhaltung ein. Damit zeigen Sie Vertrauen und es hilft, das Gespräch auf eine tiefer gehende Ebene zu bringen. Je persönlicher die Informationen sind, umso mehr wächst das Vertrauen. Um einige Ritualfragen, Grund- oder Hintergrundinformationen miteinander auszutauschen, können Sie zunächst etwas über sich erzählen und dann sagen: »Und wie sieht das bei dir aus?«

Zu Ritualfragen und -antworten gehören Selbstoffenbarungen zu folgenden Themen:

– **Ihre Herkunft und Ihr familiärer Hintergrund:** »Ich wuchs in ... auf. Ich bin ein Einzelkind. Und du?«

– **Wie Sie an den Ort gelangten, an dem Sie heute leben:** »Ich zog im Jahr ... hierher, um mein Studium zu beginnen. Nach dem Abschluss fand ich eine Anstellung und bin hier geblieben. Und du?«

– **Ihre Talente und Hobbys:** »Mir macht es großen Spaß, als ... zu arbeiten. In meiner Freizeit beschäftige ich mich am liebsten mit ... Was tust du am liebsten?«

– **Wo und was Sie studiert oder gelernt haben:** »Ich habe an der ... Universität in ... studiert und im Jahr ... mit ... abgeschlossen. Was hast du gemacht?«

– **Ihr Glaube:** »Von Haus aus bin ich ... Und du?«

- **Ein wenig Familiengeschichte:** »Mein Vater wuchs in ... auf und meine Mutter in ... Ich wurde in ... geboren. Woher kommst du?«

- **Ihre Ziele:** »Mein nächstes wichtiges Ziel ist ... Und deins?«

Zwischen den Zeilen lesen – der Wegweiser zu tiefer gehenden Gesprächen

Ein Gesprächsziel bei Ihrer ersten Verabredung besteht darin, herauszufinden, ob und welche Wertvorstellungen und Einstellungen Sie und Ihr potenzieller Partner teilen. Während sich kontaktfreudigere Menschen sofort öffnen und anderen mitteilen, was ihnen wichtig ist, drücken zurückhaltendere Menschen ihre Gefühle, Ansichten und Einstellungen oft lieber nur indirekt aus. Darauf können implizite Botschaften zwischen den Zeilen des Gesagten hindeuten, auf die Sie besonders achten sollten. Zeigen Sie dann Interesse, indem Sie offene Folgefragen stellen, um die Motivationen und Gefühle hinter den indirekten Aussagen zu ergründen. Eine indirekte Aussage Ihres neuen Bekannten zeigt im Allgemeinen seine Bereitschaft an, über das Thema zu sprechen, wenn Sie es aufgreifen. Hier einige Beispiele für Fragen, mit denen Sie detailliertere Antworten zu impliziten oder indirekten Äußerungen bekommen können:

- *Was du gerade sagtest, klingt so, als ob es zu der Geschichte noch mehr zu erzählen gäbe. Ich würde gern mehr darüber erfahren.*

- *Das hört sich so an, als ob du dich auch noch aus anderen Gründen für ... entschieden hast. Stimmt das?*

- *Du scheinst ... zu meinen. Ist das richtig?*

- *Ich bin nicht sicher, ob ich verstanden habe, was du mit ... meinst. Könntest du mir ein Beispiel dafür nennen?*

- *Nach deiner Beschreibung von ... frage ich mich: Wieso hast du denn daraus diesen Schluss gezogen?*

Sinn für Humor macht Sie begehrenswerter

In einer im *Journal of Psychology* veröffentlichten Studie kommen Elizabeth McGee und Mark Shevlin zu dem Ergebnis, dass »die Attraktivität und Paartauglichkeit von Menschen mit viel Sinn für Humor deutlich höher eingestuft wurde als bei Menschen mit einem durchschnittlichen oder nicht vorhandenen Sinn für Humor.« Die Studie belegt lediglich das, was sich Leute mit einem durchschnittlichen Aussehen schon immer gewünscht haben: Man muss kein Model sein oder Traummaße haben, um attraktiv zu sein. Wenn Sie anderen Menschen zeigen, dass Sie Sinn für Humor haben und sie zum Lachen bringen können, fühlen sie sich bereits wohl. Sie werden Sie dadurch mögen und gern mit Ihnen zusammen sein.

Sinn für Humor an den Tag zu legen heißt nicht, dass Sie der Alleinunterhalter sein müssen oder pausenlos witzige Bemerkungen machen sollten. Berichten Sie stattdessen über eine amüsante oder peinliche Erfahrung, über etwas Witziges, das Sie gelesen, im Fernsehen oder in einem Film gesehen haben, oder erzählen Sie von einer Beobachtung auf der Straße, die Sie zum Schmunzeln brachte. Was Sie zum Lachen bringt, spiegelt direkt wider, mit welchen Augen Sie die Welt sehen. Die Tatsache, dass Sie über Dinge lachen (nicht kichern), die Ihr Gesprächspartner erzählt, bestätigt darüber hinaus, dass Sie beide einen ähnlichen Humor haben. Eine weitere Studie zum Thema Humor von B. I. Murstein und R. G. Brust im *Journal of Personality Assessment* belegt das. Die Autoren kommen ebenfalls zu dem Ergebnis, dass Menschen mit Sinn für Humor als attraktivere Partner angesehen werden. Grund genug, den eigenen Sinn für Humor zum Ausdruck zu bringen und zu schauen, ob der potenzielle Partner bei der ersten Verabredung lacht.

HÄUFIG GESTELLTE FRAGE

In einem Restaurant in meiner Nachbarschaft, wo ich oft zu Abend esse, sehe ich häufig eine Frau, die meist allein isst. Wie kann ich sie fragen, ob sie mit mir essen möchte?

Probieren Sie, einen Platz in der Nähe der Frau zu bekommen, die allein am Tisch sitzt, und wenn Sie in Ihre Richtung schaut, stellen Sie Blickkontakt her und nicken und lächeln Sie ihr zu. Wenn sie auch lächelt, können Sie sie etwa so ansprechen:»Hallo, mir ist aufgefallen, dass Sie hier auch häufig essen. Was haben Sie denn heute Abend gewählt?« Denken Sie daran, dass Sie hier lediglich Interesse zeigen und feststellen wollen, ob die Dame aufgeschlossen für Kontakt ist. Wenn sie freundlich reagiert, können Sie sagen:»Ich mag die Sandwiches hier sehr, aber heute Abend ist mir nach etwas anderem. Was bestellen Sie denn normalerweise?« Das Ziel besteht darin, von getrennten Tischen aus ein Gespräch anzufangen und zu schauen, wohin das führt. Wenn es so scheint, als ob Ihre Gesprächspartnerin die Unterhaltung gern fortsetzen würde, können Sie sagen:»Wenn Sie niemanden mehr erwarten, können Sie sich gern zu mir herübersetzen.« Oder:»Darf ich mich zu Ihnen setzen?«

Viele Menschen, die oft allein essen, dürften Ihre Einladung bereitwillig annehmen, wenn Sie freundlich und unaufdringlich auf sie zugehen. Sie können der Person auch ein Getränk spendieren, um zu signalisieren, dass Sie sich gern mit ihr unterhalten würden. Vergessen Sie aber nicht, dass Ihr Angebot lediglich eine freundliche Geste ist. Das bedeutet nicht zwangsläufig, dass Sie sie zum Abendessen einladen und im Gegenzug dafür etwas von ihr erwarten können. Wenn die andere Person Ihre Einladung jedoch ablehnt, kann das daran liegen, dass sie schüchtern ist oder lieber allein sein möchte. Dann sollten Sie sich nicht aufregen oder ärgern. Lächeln Sie einfach und sagen Sie:»Kein Problem, vielleicht ein andermal. Guten Appetit.«

Wie man eine persönliche Frage stellt

Eine persönliche Frage zu stellen erfordert immer eine gewisse Sensibilität für die Gefühle der anderen Person und vor allem dafür, wie aufgeschlossen sie Ihnen gegenüber ist. Am besten leitet man eine persönliche Frage mit einer relativierenden Bemerkung ein, wie zum Beispiel:»Entschuldige bitte, dass ich danach frage, aber ...« Oder:»Wenn es dich nicht stört, darüber zu sprechen, würde ich zu gern erfahren, ...« Oder:

»Ich hoffe, dass ich nicht zu persönlich werde, aber ... « Oder: »Hoffentlich hast du nichts dagegen, wenn ich dich frage, ob ....«

Wenn Sie eine persönliche Frage so stellen, dass Ihr Gesprächspartner sie nicht unbedingt beantworten muss, wird er oft auf die eine oder andere Art etwas dazu sagen. Vielleicht erhalten Sie nicht die direkte Antwort, die Sie gern hätten, denn vielen Menschen fällt es gerade bei einem sensiblen Thema schwer, das auszusprechen, was sie wirklich meinen. Wenn Sie jedoch genau auf frei verfügbare Informationen achten und darauf, ob die Körpersprache des anderen offen ist, können Sie daran ablesen, ob er Ihnen genügend vertraut, um einige persönliche Informationen preiszugeben.

Mit Fragen zu Paarbeziehungen schneller den passenden Partner finden

Im mittleren Teil Ihrer ersten Verabredung gelangen Sie vermutlich irgendwann an den Punkt, an dem Sie Ihre Meinungen, Erfahrungen und Einstellungen zum Leben als Paar miteinander austauschen. Das ist für die meisten Singles auf Partnersuche schließlich ein wichtiges Anliegen und ausschlaggebend dafür, wie wahrscheinlich weitere gemeinsame Treffen und der Erfolg einer langfristigen Beziehung sind. Viele Partnervermittlungs-Experten stimmen in der Auffassung überein, dass zwei Menschen möglichst früh die Präferenzen des anderen in Bezug auf Paarbeziehungen kennenlernen sollten. Da dies trotzdem ein sensibler Bereich ist, sollte man zu Beginn die Fragen und Antworten dazu allgemein halten. Seien Sie vorsichtig, besonders wenn Sie bei Ihrem Gegenüber ein Zögern verspüren. Im Folgenden finden Sie einige Fragen nach Grundhaltungen und allgemeinen Ansichten zu diesem Thema. So können Sie erfragen, ob Ihr potenzieller Partner bereit ist, über das Thema Beziehungen zu diskutieren:

– *Wir haben uns nun über viele verschiedene Themen unterhalten, aber jetzt würde ich dir gern eine persönlichere Frage stellen, nämlich nach deiner Vorstellung von Paarbeziehungen. Möchtest du darüber sprechen?*

– *Was suchst du in einer Beziehung?*

- *Was wünschst du dir am meisten von deinem Partner?*
- *Wie würdest du eine gute Beziehung beschreiben?*
- *Wie lange dauerte deine längste Beziehung?*

Wenn der andere bei der ersten Verabredung nur ungern über Beziehungen sprechen möchte, erzwingen Sie es nicht. Sie können Ihre Ansichten dazu benennen, anschließend auf etwas weniger Persönliches zu sprechen kommen und das Thema bei einer anderen Gelegenheit wieder aufgreifen. Ihre Antworten und die Ihres potenziellen Partners auf diese Fragen geben allerdings über wichtige persönliche Ziele und Wertvorstellungen Auskunft, daher sollten Sie das Thema nicht allzu lange hinausschieben.

Bei der ersten Verabredung wichtige Themen ansprechen

Aus der Zeit, als ich noch Single war, erinnere ich mich an eine Unterhaltung mit einer Frau, die ich bei der ersten Verabredung zum Kaffee traf. Nachdem wir ein paar Minuten lang höflich Hintergrundinformationen ausgetauscht und über unsere bevorzugten Freizeitaktivitäten gesprochen hatten, brachte sie schnell ein Thema zur Sprache, das ihr sehr wichtig war: Religion. Schon kurz darauf war uns klar, dass dies unsere erste und letzte Verabredung bleiben würde. Menschen, die eine langfristige Beziehung anstreben, hätten normalerweise zunächst gern einige entscheidende Informationen, bevor sie sich näher auf den anderen einlassen. Es kann schwierig sein, diese Themen beim ersten Treffen zu diskutieren, doch je länger man damit wartet, desto schwieriger wird es. Ganz gleich, ob Sie sie bei der ersten Verabredung oder kurz darauf besprechen, werden Sie sicherlich etwas zu folgenden Themen wissen wollen:

- **Zum aktuellen Beziehungsstatus** (seien Sie hier Ihrerseits ehrlich, wenn Sie möchten, dass man Ihnen vertraut):

  Mögliche Frage: »Bist du momentan mit jemandem zusammen?«

  Mögliche Aussage: »Ich habe zwar hin und wieder Verabredungen, aber keine feste Beziehung.«

– **Zu vorherigen Beziehungen** (hier geht es um Bindung und familiäre Verpflichtungen):

Mögliche Frage: »Warst du schon einmal verheiratet oder hattest eine längere Beziehung? Hast du Kinder?«

Mögliche Aussage: »Ich war ... Jahre verheiratet (lebte ... Jahre mit jemandem zusammen). Ich habe (keine) Kinder.«

– **Zum Thema Religion** (für manche Menschen ist das ein entscheidendes Thema, für andere nicht):

Mögliche Frage: »Wurdest du im Sinne einer bestimmten Religion erzogen?«

Mögliche Aussage: »Ich bin (nicht, irgendwie, sehr) religiös.«

– **Zum Thema Politik** (für manche Menschen ist das ein entscheidendes Thema, für andere nicht):

Mögliche Frage: »Wen hast du bei der letzten Wahl gewählt (unterstützt)?«

Mögliche Aussage: »Ich gehöre der ... Partei an und würde sagen, dass meine politische Einstellung im Allgemeinen (liberal, gemäßigt oder konservativ) ist.«

– **Zum Thema Gesundheit** (für die meisten Menschen ist das ein wichtiges Thema, vor allem wenn es um Sexualität geht):

Mögliche Frage: »Mir ist klar, dass das sehr persönlich ist, aber gibt es bei dir gesundheitliche Themen, über die ich etwas wissen müsste, wenn wir zusammen wären?«

Mögliche Aussage: »Es ist zwar sehr persönlich, aber ich würde dir gern etwas über ein gesundheitliches Thema erzählen, bevor wir beide näher zusammenkommen.«

– **Zum Thema Sex** (über die Einstellung zum Thema Sex zu sprechen ist persönlich und kann einigen Menschen unangenehm sein):

Mögliche Frage: »Darf ich dir eine persönliche Frage zum Thema Sex stellen?«

Mögliche Aussage: »Es ist zwar ein sehr persönliches Thema und betrifft meine Einstellung zum Sex, aber ich möchte gern, dass du weißt, dass ... «

Zehn Dinge, die man bei der ersten Verabredung auf keinen Fall sagen sollte

Ruinieren Sie Ihre erste Verabredung nicht, indem Sie Folgendes sagen:

– »Mein Handy klingelt meist ununterbrochen. Eigentlich bin ich immer erreichbar.«

– »Lass mich dir etwas von meinem letzten Blind Date erzählen.«

– »Das hätte auch meine Ex sagen können.«

– »Kann ich den Rest haben, falls du nicht deine ganze Portion aufisst?«

– »Ich habe wahnsinnige Kopfschmerzen.«

– »Ich komme gerade aus der Entzugsklinik.«

– »Bei uns liegt ... in der Familie.«

– »Ich möchte ja nicht angeben, aber ...«

– »Warum hast du dich von deinem Ex getrennt?«

– »Ich finde Sex bei der ersten Verabredung eine coole Sache, du auch?«

Nach der Hälfte der ersten Verabredung: »Wie findest du mich bis jetzt?«

Nach der ersten Hälfte Ihrer ersten Verabredung ist es Zeit für eine Realitätskontrolle. Wenn Sie sich mühelos über eine Vielzahl von Themen unterhalten, wenn Sie lachen und entdecken, dass Sie nicht nur gemeinsame Interessen und Erfahrungen haben, sondern vor allem auch ähnliche persönliche Ziele und Wertvorstellungen, sind Sie auf dem besten Wege zu einem nächsten Treffen. Verläuft Ihr erstes Treffen dagegen nicht so gut wie erhofft, bleibt Ihnen immer noch Zeit, es in eine andere Richtung zu lenken.

Zehn Alarmsignale, die darauf hinweisen, dass Sie bei Ihrer ersten Verabredung Hilfe brauchen

Alarmzeichen 1: Eine geschlossene Körpersprache

Die rettende Lösung: Ihr potenzieller Partner kann zwar keine Gedanken lesen, aber Ihre geschlossene Körpersprache deuten, und sie vermittelt keine positive Botschaft. Bleiben Sie nicht mit verschränkten Armen sitzen, sondern lächeln Sie Ihren Gesprächspartner an, stellen Sie mehr Blickkontakt her und beugen Sie sich zu ihm hinüber. So senden Sie freundlichere und positivere Signale aus. Wenn die Körpersprache Ihres Gegenübers geschlossen ist, setzen Sie auf den altbekannten Effekt der Nachahmung: Spiegeln Sie *kurz* die Körpersprache des anderen. Lösen Sie nach wenigen Augenblicken dann die verschränkten Arme und lehnen Sie sich mit einem Lächeln leicht nach vorn. Diese offene Körpersprache wird Ihr Gegenüber hoffentlich nachahmen.

Alarmzeichen 2: Unablässig reden oder aber sehr wenig sagen

Die rettende Lösung: Wenn Sie mehr als 50 Prozent der Unterhaltung allein bestreiten, hören Sie auf zu sprechen. Stellen Sie offene Fragen, lassen Sie Ihren Partner reden – ohne ihn zu unterbrechen – und hören Sie zu. Wenn Sie länger als die Hälfte der Gesprächsdauer schweigen, sollten Sie mehr reden. Geben Sie etwas über Ihren Hintergrund preis, erzählen Sie von Ihren Vorlieben, Ihren Zielen und dem, was Sie zum

Lachen bringt. Teilen Sie Ihrem Gegenüber ruhig etwas darüber mit, wer Sie sind und worüber Sie gern reden würden.

Alarmzeichen 3: Sie schalten ab

Die rettende Lösung: Seien Sie aufmerksam, hören Sie zu und geben Sie Antworten. Stellen Sie Folgefragen nach weiteren Einzelheiten, geben Sie Beispiele, lassen Sie den anderen an Ihren Erkenntnissen teilhaben, greifen Sie seine Aussagen auf und sagen Sie etwas dazu.

Alarmzeichen 4: Sie zeigen kaum Gefühle oder Begeisterung

Die rettende Lösung: Wachen Sie auf! Lächeln und lachen Sie, stellen Sie Fragen und bringen Sie sich in das Gespräch ein, um zu zeigen, dass Sie sich für die Erfahrungen und Ansichten Ihres potenziellen Partners interessieren.

Alarmzeichen 5: Lange Phasen des Schweigens

Die rettende Lösung: Bringen Sie das Gespräch in Schwung, indem Sie sagen: »Vorhin hast du etwas erzählt, das mich an eine ganz ähnliche Erfahrung erinnert, die ich selbst einmal gemacht habe (etwas, das meine Neugier weckte usw.).« Oder: »Du hast ... erwähnt. Darüber würde ich gern mehr erfahren.«

Alarmzeichen 6: Unterbrechungen durch das Handy

Die rettende Lösung: Stellen Sie Ihr Handy ab und schalten Sie es nicht wieder an. Wenn das nicht möglich ist, teilen Sie Ihrem Gegenüber mit, dass Sie zwar erreichbar sein müssen und eventuell unterbrochen werden, die Telefonate aber so kurz wie möglich halten werden. Widmen Sie Ihrem potenziellen Partner Ihre volle Aufmerksamkeit. Wenn Ihr Partner nicht von seinem Handy ablassen kann, können Sie mit einem Lächeln fragen: »Könntest du dein Telefon vielleicht abschalten oder auf Vibrationsalarm stellen, damit wir uns ein wenig kennenlernen können, ohne alle fünf Minuten unterbrochen zu werden?«

Alarmzeichen 7: Meinungsverschiedenheiten über Politik, Religion oder andere wichtige oder unwichtige Themen

Die rettende Lösung: Beenden Sie eine kontroverse Diskussion, *bevor* sie in einen Streit ausufert, und wechseln Sie das Thema. Dazu können Sie sagen:»Ich sehe, dass wir in diesem Punkt nicht völlig einer Meinung sind – warum einigen wir uns nicht einfach darauf, uneinig zu sein, und belassen es dabei? Ich würde gern über etwas anderes sprechen. Soll ich dir von einem neuen Projekt erzählen, das ich gerade plane?«

Alarmzeichen 8: Zu viele oder zu wenige persönliche Informationen preisgeben

Die rettende Lösung: Wenn man zu wenig Persönliches über sich erzählt, deutet das auf fehlendes Vertrauen hin oder man erweckt den Eindruck, man hätte etwas zu verbergen. Gibt man dagegen zu schnell zu viele persönliche Informationen preis, kann das so wirken, als ob man bedürftig oder verzweifelt wäre. Öffnen Sie sich daher ganz allmählich und erzählen Sie etwas Wesentliches über Ihre Person, das Ihrem Gegenüber verdeutlicht, wer Sie sind. Sie können sagen:»Ich würde dir gern ein paar Dinge über mich erzählen, die dir zeigen, was so in mir vorgeht.«

Alarmzeichen 9: Häufig auf die Uhr schauen

Die rettende Lösung: Wenn Sie bei der ersten Verabredung immer wieder auf die Uhr schauen, sieht das so aus, als ob Sie das Ende des Treffens kaum erwarten könnten. Wenn Sie aus einem bestimmten Grund wissen müssen, wie spät es ist, sagen Sie das Ihrem Gesprächspartner, damit er nicht denkt, Sie wären am liebsten an einem anderen Ort.

Alarmzeichen 10: Das Gespräch wirkt wie ein Vorstellungsgespräch

Die rettende Lösung: Werden Sie heiterer, lachen Sie ein wenig zusammen und lernen Sie einander kennen. Eine Verabredung soll beiden Spaß machen und zeigen, ob Interesse an einer Beziehung besteht. Sie und Ihr potenzieller Partner bewerben sich nicht um einen Job.

Die erste Verabredung beenden

Wenn sich Ihre erste Verabredung dem Ende zuneigt, stellt sich die Frage, wie Sie sie beenden, um die besten Aussichten auf ein weiteres Treffen zu haben. Die meisten Menschen erinnern sich normalerweise besser daran, wie sie sich am Ende der ersten Verabredung fühlten, als zwischendurch. Wenn man einen guten und bleibenden Eindruck hinterlassen will, ist es daher ganz entscheidend, zum Schluss über ein positives Thema zu sprechen. Wünschen Sie sich ein Wiedersehen, dann sollten Sie in den letzten Minuten des Gespräches gezielt darauf hinarbeiten. Das ist zugegebenermaßen ein sehr angespannter Augenblick. Es erfordert zwar einigen Mut, offen zu sein und klar zu sagen, was Sie wollen. Doch es zeigt auch, dass Sie selbstsicher sind und sich taktvoll für Ihre Anliegen einsetzen können – eine Eigenschaft, die viele Menschen bewundern. Wenn Sie Ihren potenziellen Partner wiedersehen wollen, seien Sie direkt und sagen Sie es. Zum Beispiel so: »Unser Treffen hat mir Spaß gemacht. Ich würde mich gern wieder mit dir verabreden. Und du?« Oder: »Ich habe die Zeit mit dir wirklich genossen. Hättest du Lust, nächste Woche mit mir ins Kino oder essen zu gehen?« Oder: »Sollen wir das einmal wiederholen?« Oder: »Ich würde gern wieder mit dir ausgehen, wenn du magst.«

Auf sanfte Art Nein sagen

Sie haben das Recht, die Einladung zu einer zweiten Verabredung abzulehnen, sollten aber vermeiden, dabei die Gefühle oder das Selbstvertrauen des anderen zu verletzen. Eine faule Ausrede wie »Ich habe so viel Arbeit, dass ich gerade keine Zeit für Verabredungen habe« oder eine herablassende Bemerkung wie »Du bist ja wirklich ein netter Mensch, aber ...« werden keineswegs verhindern, dass sich der andere zurückgewiesen fühlt. Am besten bleiben Sie bei diesem Thema höflich, direkt und kurz. Auf die Frage nach einem weiteren Treffen können Sie etwa sagen: »Es ist nett, dass du fragst, aber ich möchte nicht.« Oder: »Danke für die Nachfrage, aber ich werde passen.«

Eine Zurückweisung akzeptieren und nach vorn schauen

Zurückweisungen! Niemand mag sie und sie verletzen unseren Stolz. Da aber jeder, der sich mit potenziellen Partnern verabredet, das eine oder andere Mal zurückgewiesen wird, ist es nicht das Ende der Welt, wenn Ihre Einladung zu einem zweiten Treffen auf Ablehnung stößt. Akzeptieren Sie es einfach auf elegante Weise. Fragen Sie nicht nach Gründen, fangen Sie keinen Streit an und üben Sie keinen Druck auf Ihr Gegenüber aus, damit er seine Meinung ändert. Das erzeugt nur eine peinliche Situation und kann leicht zu demütigenden oder unangenehmen Dialogen führen – auf Ihre Kosten. Am besten sagen Sie beispielsweise: »Unser Treffen hat mir gefallen, aber ich respektiere deine Entscheidung. Ich schätze deine direkte Art.«

Ein erfolgreiches Gespräch = eine erfolgreiche erste Verabredung

Letzten Endes ist der Schlüssel zu einer erfolgreichen ersten Verabredung eine erfolgreiche Unterhaltung. Sie und Ihr potenzieller Partner haben sich amüsiert und Sie fühlten sich sowohl in Ihrer eigenen Haut als auch in der Gesellschaft des anderen wohl. Sie haben ausreichend Hintergrundinformationen und Persönliches miteinander ausgetauscht, sodass Sie keine Mühe hatten, sich sogar noch weiter zu öffnen und sich gegenseitig mehr aus Ihrem Leben zu erzählen. Sie haben gemeinsame Interessen und Wertvorstellungen entdeckt, welche die Grundlage für künftige Unterhaltungen bilden können und Ihnen einen noch intensiveren Austausch ermöglichen. Letzten Endes haben Sie ein gutes Verhältnis und Vertrauen zueinander aufgebaut und sind recht optimistisch, dass dies nur die erste von vielen weiteren gemeinsamen Verabredungen war.

16. Gesprächsstile erkennen und verwenden

New Yorker haben den Ruf, schnell zu sprechen, energisch zu sein und leicht genervt zu reagieren; das trifft genau auf mich zu.

Jane Pauley (geb. 1950),
amerikanische Fernsehjournalistin

Kommen einige Ihrer Gespräche auf Anhieb in Gang, während andere in den ersten unangenehmen Augenblicken nur holprig anlaufen? Bewegen manche Ihrer Unterhaltungen sich mühelos von einem Thema zum anderen, wohingegen andere in hitzige Meinungsverschiedenheiten ausarten? Ist es ein Rätsel, warum das eine Gespräch anregend ist und Spaß macht, während das andere unendlich langweilt? Kann man sich mit manchen Leuten leichter unterhalten als mit anderen? Kurzum: Verlaufen Ihre Gespräche manchmal wie ein Roulettespiel, bei dem man nie wissen kann, wer gewinnt und wer verliert?

Eine Möglichkeit, in Unterhaltungen weniger Höhen und Tiefen zu erleben, besteht darin, Gesprächsstile zu erkennen und gezielt einzusetzen. Die meisten Menschen haben einen Haupt-Gesprächsstil, der grob einer von vier Kategorien zugeordnet werden kann. (Sie können Ihren Gesprächsstil bestimmen, indem Sie die zehn Testfragen auf den folgenden Seiten beantworten.) Wenn Sie Ihren Gesprächsstil ermittelt haben und die Stärken und Schwächen jedes der anderen Typen kennen, dürften Ihnen Gespräche mit nahezu jedem Menschen zukünftig leichter fallen. Sie werden sehen, dass Sie schnell ein gutes Verhältnis aufbauen und sich geschickt mit beinahe jedem Menschen unterhalten können, dem Sie begegnen – ganz unabhängig davon, wie stark sich dessen Gesprächsstil von Ihrem unterscheidet. Sie werden nicht nur mehr Selbstvertrauen entwickeln, sondern auch leichter in Gruppen zurechtkommen, schnell eine gemeinsame Basis mit Fremden finden und viele neue Freunde gewinnen.

Bestimmen Sie Ihren Gesprächsstil

Beantworten Sie die folgenden Fragen, um Ihren Haupt-Gesprächsstil zu bestimmen. Kreuzen Sie den Buchstaben an, unter dem am besten beschrieben wird, wie Sie sich in jeder der Situationen tatsächlich verhalten – nicht, wie Sie sich gern verhalten würden.

1. Wenn ich einen Raum voller fremder Menschen betrete ...

☐ a. mische ich mich unter die Leute und verfolge interessante Diskussionen. ♠

☐ b. stelle ich mich dem ersten Fremden vor, den ich antreffe. ♥

☐ c. setze ich mich auf einen Stuhl und warte darauf, dass mich jemand anspricht. ♦

☐ d. suche ich eine »positive Debatte«. ♣

2. Wenn ich Menschen zum ersten Mal begegne ...

☐ a. bilde ich mir schnell eine Meinung über sie. ♠

☐ b. erzähle ich zunächst von mir selbst, bevor ich ihnen meine Fragen stelle. ♣

☐ c. versuche ich, sie zum Lachen zu bringen. ♥

☐ d. lasse ich es ruhig angehen und warte ab, was sie tun. ♦

3. Wenn ich mit jemandem im Gespräch bin ...

☐ a. lasse ich erst die anderen ihre Ansichten mitteilen, bevor ich meine preisgebe. ♦

☐ b. höre ich auf Lücken in der Argumentation von anderen. ♠

☐ c. mache ich mein Anliegen so schnell wie möglich klar. ♣

☐ d. stelle ich Fragen und teile meine Ansichten mit. ♥

4. Wenn ich nichts über das Gesprächsthema weiß …

☐ a. nicke ich still und versuche, einen interessierten Eindruck zu machen. ♦

☐ b. wechsle ich das Thema. ♥

☐ c. stelle ich Fragen, um Interesse zu zeigen. ♠

☐ d. erwecke ich den Anschein, zu wissen, worüber ich rede. ♣

5. Wenn ich mit den Ansichten einer anderen Person nicht einverstanden bin …

☐ a. möchte ich mit ihr über die Gründe für ihre Einstellung diskutieren. ♥

☐ b. sage ich nur sehr wenig. ♦

☐ c. vertrete ich nachdrücklich meine Meinung. ♣

☐ d. erkläre ich der Person Punkt für Punkt, warum sie unrecht hat. ♠

6. Ich bevorzuge Gespräche, die …

☐ a. auf den Punkt kommen. ♣

☐ b. sachlich sind und ins Detail gehen. ♠

☐ c. auf Small Talk ausgerichtet sind. ♥

☐ d. einen persönlichen Charakter haben. ♦

7. Ich mag Gespräche, in denen ich …

☐ a. etwas über andere erfahre. ♦

☐ b. im Mittelpunkt stehe. ♥

☐ c. komplizierte Konzepte erkläre. ♠

☐ d. anderen berichte, was ich erreicht habe. ♣

8. Welche Aussage beschreibt Sie am besten?

☐ a. Ich kann über eine Vielzahl von Themen Small Talk betreiben. ♥

☐ b. Ich kann mich auf die Kernaussage eines Themas konzentrieren. ♣

☐ c. Ich kann gut zuhören, sodass sich andere mir gegenüber öffnen. ♦

☐ d. ich kann komplizierte Sachverhalte erklären. ♠

9. Am schwersten fällt es mir, mit Menschen zu sprechen, die …

☐ a. mir ihre Meinung aufnötigen. ♦

☐ b. ununterbrochen reden, ohne jemand anders zu Wort kommen zu lassen. ♠

☐ c. sich an jedem kleinen Detail festhalten. ♣

☐ d. komplexe Erläuterungen abgeben. ♥

10. Ich mag am liebsten Gespräche, in denen ich …

☐ a. eine lustige Geschichte erzähle. ♥

☐ b. über ein technisches Thema diskutiere. ♠

☐ c. einen Standpunkt präsentiere. ♣

☐ d. anderen dabei zuhöre, wie sie sich langsam öffnen. ♦

Ergebnisse

Addieren Sie die Antworten, die Sie zu dem jeweiligen Symbol (♣, ♦, ♠, ♥) gegeben haben. Der Stil mit den meisten Antworten dürfte Ihrem Gesprächsstil am nächsten kommen. Bei den meisten Menschen werden sich Stilkombinationen ergeben, wobei meist ein oder zwei Schwerpunkte erkennbar sind. Da zehn Fragen zu beantworten sind, ergibt die Summe zwangsläufig zehn.

Beispiel

♣ __6__ freiheraus

♦ __0__ zurückhaltend

♠ __1__ präzise

♥ __3__ redegewandt

Summe: 10

Ihr Ergebnis

♣ _____ freiheraus

♦ _____ zurückhaltend

♠ _____ präzise

♥ _____ redegewandt

Summe: 10

Was die Punktzahlen darüber hinaus aussagen

Für jeden Gesprächsstil gilt bei folgenden Punktzahlen:

8–10 (hoch) Sie tendieren stark dazu, immer in diesem Stil zu kommunizieren.

3–7 (mittel) Sie können ohne Mühe von diesem Gesprächsstil zu einem anderen wechseln.

0–2 (niedrig) In diesem Stil kommunizieren Sie nur selten und das Gespräch mit Menschen, die diesen Stil verwenden, könnte Ihnen schwerfallen.

Verschiedene Gesprächsstile verstehen und anwenden

Ich stelle mir eine Unterhaltung gern wie einen Tanz vor. Jeder Mensch, mit dem ich spreche (oder tanze), ist ein neuer Partner mit einem anderen Gesprächsstil. Einer mag kontaktfreudig sein, der andere zurückhaltend. Einer mag hitzige politische Diskussionen bevorzugen, während der andere lieber Filmkritiken vergleicht. Sie können sich anhand der Symbole Kreuz ♣, Karo ♦, Pik ♠ und Herz ♥ besser merken, wie Sie Ihren Gesprächsstil so anpassen können, dass Sie mit jedem Menschen, den Sie kennenlernen, »tanzen« können.

Kreuz ♣ steht für »freiheraus«

Wenn die meisten Ihrer Antworten in die Kategorie »freiheraus« fallen, haben Sie eine sehr direkte Herangehensweise an Gespräche.

Ihre Stärken im Gespräch

Normalerweise nehmen Sie kein Blatt vor den Mund, sondern sagen direkt, was Sie denken. Höchstwahrscheinlich blühen Sie in Konkurrenzsituationen aller Art auf und sehen ein Gespräch als eine Art Wettkampf, der Ihnen die Gelegenheit bietet, zu debattieren, zu streiten oder jemanden zu überzeugen. Sie lieben es, salopp ausgedrückt, »aufzumischen«. Menschen, die Ihren Sinn für Humor, Ihre Intensität und Ihr Konkurrenzbewusstsein teilen, wird ein Gespräch mit Ihnen Spaß und Nutzen bringen.

Ihre Schwächen im Gespräch

Da Sie leidenschaftlich konkurrenzbewusst sind, betrachten Sie ein Gespräch als Spiel, das Sie »gewinnen« müssen. Deshalb beschreiben andere Sie oft als unverblümt, aufdringlich oder zu aggressiv. Im Kontakt mit Menschen, die einen weniger energiegeladenen oder direkten Gesprächsstil haben, werden Sie tendenziell ungeduldig. Weil Sie meist wie aus der Pistole geschossen reden, entgeht Ihnen häufig, wie Ihre direkte Art auf andere wirkt. Die haben das Gefühl, dass Sie mitunter dominant, überheblich oder taktlos sind.

Menschen, deren Gesprächsstil »freiheraus« ist, reden im Allgemeinen gern über folgende Themen:

♣ Sport ♣ Verbrechen ♣ erfolgreiche Wirtschaftsführer ♣ Abenteuergeschichten ♣ Actionfilme ♣ Politik ♣ unternehmerische Anstrengungen ♣ Geld und Macht ♣ Bundeswehr-Erlebnisse ♣ Training ♣

Verwenden Sie Ihre bevorzugte Suchmaschine, um weitere berufsrelevante Gesprächsthemen zu finden

Geben Sie in die Suchmaske Ihres Browsers etwa »Berufslaufbahnen in Sport, Management, Politik oder Militär« ein, um festzustellen, welche Beschäftigungsmöglichkeiten für Menschen infrage kommen, deren Gesprächsstil »freiheraus« ist. Suchen Sie mithilfe dieser Informationen Themen aus dem beruflichen Bereich, über die sich diese Menschen gern unterhalten.

Wenn Sie in dieser Kategorie nur niedrige Punktzahlen erzielt haben, sollten Sie im Gespräch mit einem freiheraus redenden Gesprächspartner einige Dinge unbedingt tun und andere unbedingt unterlassen:

+ Zeigen Sie echtes Interesse an den beruflichen und persönlichen Zielen dieser Menschen. Sie sprechen für ihr Leben gern über sich selbst und ihre Leistungen.

− Lassen Sie sich nicht auf Debatten mit ihnen ein, auch nicht wenn sie Ihre Ansichten infrage stellen. Menschen vom Typus »freiheraus« streiten nicht nur gern, sondern auch gut und gewinnen meist dabei.

+ Fragen Sie sie nach ihrer Meinung und um Rat. Von solch zielstrebigen Menschen kann man eine Menge lernen.

− Verzichten Sie auf übermäßig detaillierte oder komplizierte Erklärungen. Ihre Gesprächspartner haben das »große Ganze« im Blick und werden bei einer Diskussion über unbedeutende Einzelheiten ungeduldig.

+ Zeigen Sie Selbstironie. Diese Menschen mögen andere, denen es nichts ausmacht, auch einmal über sich selbst zu lachen.

− Nehmen Sie es diesen Menschen nicht übel, wenn sie Ihnen dazwischenreden oder Ihre Leistungen herabsetzen.

+ Denken Sie daran, dass solche Personen durch Neckereien und herabsetzende Bemerkungen versuchen, Ihr Selbstvertrauen auf die Probe zu stellen.

Karo ◆ steht für »zurückhaltend«

Wenn die meisten Ihrer Antworten in die Kategorie »zurückhaltend« fallen, gehen Sie eher vorsichtig an Gespräche heran.

Ihre Stärken im Gespräch

Ihren Gesprächsstil kann man gut mit dem Begriff *nachdenklich* umschreiben. Wenn Sie reden, sprechen Sie ruhig und leise. Da Ihr Stil für andere keinerlei Bedrohung oder Herausforderung darstellt, öffnen sich andere Menschen im Kontakt mit Ihnen. Sie sind in der Regel ein hervorragender Zuhörer und können sich gut in andere einfühlen, vor allem in Menschen, die Sie bereits kennen. Sie brauchen zwar ein wenig Zeit, doch wenn Sie jemanden erst einmal kennen, öffnen auch Sie sich und unterhalten sich mühelos.

Ihre Schwächen im Gespräch

Mit Ihrer Tendenz, passiv zu bleiben, erwecken Sie den Eindruck, schüchtern, desinteressiert oder snobistisch zu sein oder keine Lust auf eine Unterhaltung zu haben. Oft werden Sie von aggressiven oder redegewandten Typen an die Wand geredet und verschließen sich dann, weil Sie sich verunsichert fühlen. Ihre Angst, das Falsche zu sagen, andere zu langweilen oder ihnen zu nahe zu treten, hemmt Sie in Ihrer Spontaneität. Daher sind die ersten Minuten Ihrer Gespräche mitunter heikel.

Menschen mit einem zurückhaltenden Gesprächsstil reden im Allgemeinen gern über folgende Themen:

◆ Beziehungen ◆ menschliche Geschichten ◆ persönliche Erzählungen ◆ Filmstars ◆ Essen ◆ Kochen und Restaurants ◆ Inneneinrichtung ◆ Kunst ◆ Musik ◆ Theater ◆ Poesie ◆ Tanz ◆ Bücher ◆ soziale Themen ◆ Hobbys ◆ Gartenarbeit ◆ Tiere ◆ Familie

Verwenden Sie Ihre bevorzugte Suchmaschine, um weitere berufsrelevante Gesprächsthemen zu finden

Geben Sie in die Suchmaske Ihres Browsers etwa »Berufslaufbahnen in Sozialwesen, Personalwirtschaft oder bildender Kunst« ein, um festzustellen, welche Beschäftigungsmöglichkeiten für Menschen mit einem zurückhaltenden Gesprächsstil infrage kommen. Suchen Sie mithilfe dieser Informationen Themen aus dem beruflichen Bereich, über die sich diese Menschen gern unterhalten.

Wenn Sie in dieser Kategorie nur niedrige Punktzahlen erzielt haben, sollten Sie im Gespräch mit zurückhaltenden Gesprächspartnern einige Dinge unbedingt tun und andere unbedingt unterlassen:

+ Zeigen Sie den Zurückhaltenden, dass Sie gern über ihre Interessen reden würden. Man muss diese Menschen etwas stärker als andere dazu ermutigen, sich zu öffnen.

– Werden Sie nicht aggressiv, kritisch oder streitsüchtig. Bei dem ersten Anzeichen eines Konflikts schalten Gesprächspartner dieser Kategorie fast augenblicklich ab.

+ Fragen Sie sie nach ihren Ansichten, Gefühlen und Erkenntnissen über Themen, die Menschen betreffen. Wenn Sie ihnen klarmachen, dass Sie ihre Aussagen schätzen, werden sie sich Ihnen gegenüber öffnen.

– Unterbrechen Sie sie nicht und vervollständigen Sie nicht ihre Sätze. Diese Menschen machen beim Sprechen häufig Pausen, um ihre Worte zu bedenken. Lassen Sie sie daher in Ruhe ausreden.

+ Ermuntern Sie zurückhaltende Menschen zum Reden, indem Sie gemeinsame Ansichten und Interessen betonen. Ihre interessierten Reaktionen sind wichtig für sie, um ihre Ansichten preisgeben zu können.

– Geben Sie nicht auf, wenn die Unterhaltung nicht sofort in Gang kommt.

+ Denken Sie daran, dass Menschen mit diesem Gesprächsstil etwas länger brauchen, um sich gegenüber Fremden zu öffnen.

Pik ♠ steht für »präzise«

Wenn die meisten Ihrer Antworten in die Kategorie »präzise« fallen, haben Sie eine methodische Herangehensweise an Gespräche.

Ihre Stärken im Gespräch

Dank Ihrer Fähigkeit, Informationen aufzunehmen, zu beurteilen und weiterzugeben, können Sie sich gut über technische Themen wie Computer, Ingenieurwesen oder über andere detail- oder verfahrensorientierte Sachverhalte austauschen. Da Sie in der Lage sind, Verfahren von Anfang bis Ende bis ins letzte Detail aufzuschlüsseln, ohne auch nur einen Schritt im Ablauf zu überspringen, können Sie gut komplizierte Konzepte erläutern. Sie genießen »Fachsimpelei« und Gespräche über ernsthafte Themen, die Detailwissen und Problemlösungskompetenz voraussetzen.

Ihre Schwächen im Gespräch

Da Sie nur selten derjenige sind, der »das Eis bricht«, wirken Sie auf andere möglicherweise schüchtern oder unnahbar. Ihre Tendenz, bei bestimmten Themen bis zur Zermürbung ins Detail zu gehen, lässt einige Menschen das Interesse verlieren oder sie verstehen nicht mehr, worauf Sie hinauswollen. Ihre logische Herangehensweise mag den Eindruck erwecken, dass Sie ungeduldig reagieren, wenn Sie mit Gesprächspartnern reden, die nichts von technischen oder komplizierten Themen verstehen. Da Sie Small Talk eher meiden, könnten andere den Eindruck gewinnen, Sie wären übermäßig ernst.

Menschen mit einem präzisen Gesprächsstil reden im Allgemeinen gern über folgende Themen:

♠ Wissenschaft und Mathematik ♠ Architektur ♠ Computer ♠ Design ♠ Börse ♠ Technik ♠ die Funktionsweise von Dingen ♠ Erfindungen ♠ Science-Fiction/Fantasy ♠ Geheimnisse ♠ Heimwerken und Werkzeug ♠ Sport

Verwenden Sie Ihre bevorzugte Suchmaschine, um weitere berufsrelevante Gesprächsthemen zu finden

Geben Sie in die Suchmaske Ihres Browsers etwa »Berufslaufbahnen in Wissenschaft, Ingenieurwesen und Technik« ein, um festzustellen, welche Beschäftigungsmöglichkeiten für Menschen mit einem präzisen Gesprächsstil infrage kommen. Suchen Sie mithilfe dieser Informationen Themen aus dem beruflichen Bereich, über die sich diese Menschen gern unterhalten.

Wenn Sie in dieser Kategorie nur niedrige Punktzahlen erzielt haben, sollten Sie in der Unterhaltung mit Menschen mit einem präzisen Gesprächsstil einige Dinge unbedingt tun und andere unbedingt unterlassen:

+ Loben Sie ihren technischen Sachverstand. Diese Menschen beeindrucken gern andere mit ihrer Intelligenz, also lassen Sie dies ruhig zu.

− Lassen Sie sich nicht auf Debatten ein und widersprechen Sie nicht ihren Ansichten. Menschen vom Typus »präzise« können es nicht ertragen, unrecht zu haben, und nehmen Kritik persönlich.

+ Ermutigen Sie sie, über Themen außerhalb ihres spezifischen Fachgebietes zu sprechen. Sie haben im Gespräch entweder die Möglichkeit, »Brücken« zu sachverwandten Themen zu schlagen, oder Sie werden alles über Festplatten, Pumpen oder andere Dinge erfahren, über die Sie noch nie etwas wissen wollten.

– Wechseln Sie nicht allzu oft das Thema. Menschen mit diesem Gesprächsstil möchten sich nicht ständig auf neue Themen einstellen.

+ Lenken Sie das Gespräch sanft auf leichtere interessante Themen. Diese Menschen haben die Tendenz, sich zu lange an ernsten oder weitverzweigten Themen festzuhalten.

– Reagieren Sie nicht gekränkt auf Kritik oder ungebetene Ratschläge.

+ Denken Sie daran, dass diese Menschen alles als »Problem« ansehen, das nach einer Lösung verlangt, und dass sie gern alle Antworten darauf hätten.

Herz ♥ steht für »redegewandt«

Wenn die meisten Ihrer Antworten in die Kategorie »redegewandt« fallen, gehen Sie sehr aufgeschlossen an Gespräche heran.

Ihre Stärken im Gespräch

Sie sind ein extrovertierter, energiegeladener Gesprächspartner, der über nahezu alles sprechen kann, solange er sein Publikum hat. Sie genießen den Kontakt mit anderen in vollen Zügen und stehen gern im Mittelpunkt. Herzlich gern fangen Sie Gespräche mit so gut wie jedem an. Andere Menschen sehen Sie als freundliche, kontaktfreudige Person an, mit der man Spaß haben kann.

Ihre Schwächen im Gespräch

Es kann sein, dass Sie zu viel reden. Weniger gesprächige Typen können sich in der Unterhaltung mit Ihnen überwältigt fühlen, weil Sie auf diese Menschen im Gespräch überheblich wirken. Sie fühlen sich durch Ihre Neigung, die Unterhaltung zu dominieren und im Mittelpunkt zu stehen, leicht übergangen. Manchmal hören Sie gar nicht zu oder geben anderen keine Chance, sich am Gespräch zu beteiligen.

Menschen, deren Gesprächsstil »redegewandt« ist, sprechen im Allgemeinen gern über folgende Themen:

♥ sich selbst ♥ Freunde und Familie ♥ Reisen ♥ Essen und Unterhaltung ♥ Popkultur ♥ Hobbys ♥ Weiterbildung ♥ erfolgreiche Menschen ♥ ungewöhnliche Geschichten aus den Medien ♥ lustige Ereignisse ♥ Hoffnungen und Träume ♥ Haustiere ♥ alle Themen, die nicht technisch oder kompliziert sind

Verwenden Sie Ihre bevorzugte Suchmaschine, um weitere berufsrelevante Gesprächsthemen zu finden

Geben Sie in die Suchmaske Ihres Browsers etwa »Berufslaufbahnen für kommunikative Menschen« ein, um festzustellen, welche Beschäftigungsmöglichkeiten für Menschen mit einem redegewandten Gesprächsstil infrage kommen. Suchen Sie mithilfe dieser Informationen Themen aus dem beruflichen Bereich, über die sich diese Menschen gern unterhalten.

Wenn Sie in dieser Kategorie nur niedrige Punktzahlen erzielt haben, sollten Sie in der Unterhaltung mit redegewandten Menschen einige Dinge unbedingt tun und andere unbedingt unterlassen:

+ Lassen Sie sie im Mittelpunkt stehen. Sie sehnen sich nach Anerkennung und Aufmerksamkeit; zeigen Sie daher, dass Sie ihre Bemühungen schätzen.

− Steigen Sie nicht in zu detaillierte Erläuterungen technischer Themen oder schwieriger Sachverhalte ein. Das verwirrt und frustriert diese Menschen, im Ergebnis langweilen sie sich.

+ Teilen Sie ihnen Ihre Interessen mit. Wenn Sie das nicht tun, werden sie reden wie ein Wasserfall.

- Machen Sie sich keine Vorwürfe, wenn Sie diese Menschen unterbrechen. Wenn Sie Ihre Stimme nicht erheben, werden Sie nie zu Wort kommen.

+ Seien Sie spielerisch, zeigen Sie Sinn für Humor und – ganz wichtig – lachen Sie über ihre Scherze. Diesen Menschen ist es wirklich wichtig, dass andere sie mögen und witzig finden.

- Diskutieren Sie keine schwierigen Themen und werden Sie nicht zu ernst.

+ Denken Sie daran, dass es für diese Menschen im Gespräch höchste Priorität hat, Spaß zu haben.

Wer die vier Gesprächsstile kombinieren kann, ist ein vielseitiger Gesprächspartner

Die meisten Menschen tendieren zwar eher zu einem Gesprächsstil, haben wahrscheinlich aber trotzdem einige Stärken und Schwächen in jedem der vier Stile. Hier nun vier Wege, wie Sie Ihren dominanten Gesprächsstil mit den drei anderen verbinden und Ihre Unterhaltungen mit praktisch jedem Gesprächspartner verbessern können:

- Ermitteln Sie Ihre Stärken und Schwächen in jedem Gesprächsstil.

- Bauen Sie auf Ihren Stärken auf und beseitigen Sie in jedem Gesprächsstil Ihre Schwächen.

- Passen Sie Ihren Gesprächsstil an den der anderen an, um mit ihnen »tanzen« zu können.

- Trainieren Sie Unterhaltungen mit Menschen, die einen anderen Gesprächsstil haben als Sie.

HÄUFIG GESTELLTE FRAGE
Wie erkennt man sofort den Gesprächsstil eines Fremden?

Wenn Sie bei Fremden genau auf die Körpersprache und auf den Verlauf der ersten Minuten der Unterhaltung achten, werden Sie deren Gesprächsstil bald identifizieren. Ist die Person kontaktfreudig oder schüchtern? Mag sie eher Small Talk oder »Fachsimpelei«? Ist Ihr Gesprächspartner direkt und kommt auf den Punkt oder ist er zurückhaltend? Sucht er eher die Auseinandersetzung oder ist er verbindlich?

Machen Sie es sich zur Gewohnheit, auf die vier Gesprächsstile zu achten, wenn Sie mit Menschen in Ihrem Umfeld bei der Arbeit, an Ihrem Wohnort, beim Einkaufen – kurz überall – reden. Innerhalb kürzester Zeit werden Sie im Gespräch mit alten und neuen Bekannten spürbar erfolgreicher. Darüber hinaus werden Ihnen »Drehungen« auf dem gesellschaftlichen Parkett viel mehr Spaß machen.

17. Gespräche mit Menschen aus anderen Ländern

Die Deutschen sind ein gemeingefährliches Volk:
Sie ziehen unerwartet ein Gedicht aus der Tasche und
beginnen ein Gespräch über Philosophie.

Heinrich Heine, (1797–1856),
deutscher Dichter und Journalist

Wissen Sie, wie man mit Menschen aus anderen Ländern redet und umgeht, ohne einander zu nahe zu treten oder sich in peinliche Situationen zu bringen? Da Freundlichkeit und beste Absichten allein nicht immer ausreichen, um kulturelle Unterschiede zu überbrücken, sollten Sie in Unterhaltungen mit Menschen aus einem anderen Kulturkreis einige Dinge unbedingt tun und andere in jedem Fall unterlassen:

+ Respektieren Sie Unterschiede.

− Zögern Sie nicht, sich selbst vorzustellen.

+ Zeigen Sie Interesse am Heimatland Ihres Gesprächspartners.

− Seien Sie nicht gekränkt, wenn jemand das Falsche sagt.

+ Vermeiden Sie Stereotype.

− Gehen Sie nicht davon aus, zu wissen, woher der andere kommt.

+ Passen Sie Ihre Sprechgeschwindigkeit und Ihr Vokabular an die Sprachkenntnisse des anderen an.

− Setzen Sie nicht voraus, dass Ihr Gesprächspartner alles versteht.

+ Sprechen Sie über positive Themen.

− Meiden Sie deprimierende Themen.

Respektieren Sie Unterschiede

Viele Länder der Welt sind zu einem »Schmelztiegel« der Kulturen ge-
worden; in ihnen gibt es heute mehr verschiedene Traditionen, Religionen und ethnische Gruppen als je zuvor. Wenn Sie einfach davon ausgehen, dass Menschen aus anderen Ländern dieselben Wertvorstellungen,
Geisteshaltungen und Gesprächsformen haben wie Sie, können Sie sich
leicht blamieren oder in unangenehme Situationen geraten. Wenn Sie
jedoch im Hinterkopf behalten, dass Menschen aus anderen Ländern
oft anders reden und handeln als Sie, werden Sie sicher nur selten jemandem zu nahe treten oder sich von ihm gekränkt fühlen.

HÄUFIG GESTELLTE FRAGE

Stimmt es, dass Europäer lockerer sind als Asiaten und
Menschen aus vielen anderen Ländern?

Obwohl Europäer für ihre Freundlichkeit und Lockerheit bekannt sind,
schätzen oder verstehen Menschen aus anderen Ländern das nicht immer. »Sie sind vorschnell und distanzlos« ist eine Klage über sie, die
man oft von Menschen hört, die sich Fremden gegenüber anfangs lieber
etwas förmlicher verhalten. Ein informeller, lockerer Gesprächsstil mit
unbekannten Menschen mag zwar im Kontakt mit Europäern empfeh-
lenswert sein, doch das gilt nicht für Menschen aus anderen Ländern
mit einem zurückhaltenderen Gesprächsstil.

Zögern Sie nicht, sich vorzustellen

»Hallo, mein Name ist Don Gabor« ist in westlichen Ländern ein völlig
akzeptabler Auftakt zum Gespräch mit bislang Fremden. Man signalisiert anderen auf diese Weise, dass man gern mit ihnen reden würde. In
den USA ist es durchaus üblich, seinen Gesprächspartner beim Vornamen zu nennen – auch wenn Etikette-Experten dies ohne vorherige
Erlaubnis des anderen nicht gerne sehen würden. In Europa, Asien und
dem Nahen Osten spricht man neue Bekannte lieber mit der Anrede
»Frau«, »Herr«, ihrem Nachnamen und gegebenenfalls Titel an. Fremde

mit einem Händedruck zu begrüßen, ist zwar ein in den meisten Ländern allgemein akzeptierter Brauch, doch es gibt auch zahlreiche Ausnahmen. Die Tabelle im nächsten Kapitel zeigt gebräuchliche Arten, wie man Menschen in vielen verschiedenen Ländern der Welt begrüßt.

Wie man sich ausländische und ungewöhnliche Namen besser merken kann

Wenn ein Name ungewohnt oder schwierig auszusprechen ist, bitten Sie die Person, ihn für Sie zu buchstabieren, damit Sie ihn richtig sagen können. Teilen Sie den Namen in Silben auf und denken Sie an Ihnen bekannte Worte, Wortteile oder Silben, die genauso klingen, aber eine Bedeutung haben. Wenn Sie zum Beispiel einem Inder namens Abhishek Raghuvir begegnen, denken Sie: Abi-Scheck Ragout-wir. Es mag einige Anläufe erfordern, bis Sie es richtig hinbekommen, doch die meisten Ausländer fühlen sich geschmeichelt, wenn man sich an ihre Namen erinnert.

Wenn Sie sich eine Weile unterhalten haben, stellt sich vielleicht das Gefühl ein, es sei Zeit, sich beim Vornamen zu nennen. Dann können Sie vorschlagen: »Bitte nennen Sie mich ….« Je nach Situation und den jeweiligen Vorlieben kann die Person Ihrem Beispiel folgen. Wenn nicht, sprechen Sie sie weiter mit Titel beziehungsweise Anrede und Nachnamen an – so lange, bis die Person etwas anderes anbietet.

Zeigen Sie Interesse am Heimatland Ihres Gesprächspartners

Bringen Sie echte Neugier und Interesse am Herkunftsland des anderen zum Ausdruck, indem Sie allgemeine Hintergrundinformationen über dieses Land in Erfahrung bringen. Je mehr Wertschätzung Sie seiner Kultur entgegenbringen, desto wahrscheinlicher ist, dass er sich öffnet und mit Ihnen reden wird. Achten Sie im Gespräch auf Themen und Verhaltensweisen, auf die Sie detaillierter eingehen können, und auf solche, die Sie besser meiden sollten. Wenn Sie so viel wie möglich über ihre/seine Heimatstadt, deren Bewohner, das Essen, die Musik usw. in Erfahrung bringen, werden Sie reichlich Gesprächsstoff haben. Achten Sie immer darauf, Gesprächen über Sex, Politik und Religion aus dem Weg zu gehen. Da diese traditionellen »Tabuthemen« emotional stark aufgeladen sind, können hier leicht Meinungsverschiedenheiten auftreten. Sie können jedoch bedenkenlos weitere Ritualfragen und Sachfragen stellen, um mehr Informationen zu erhalten. Zum Beispiel: »Erzählen Sie mir ein wenig über die Stadt, aus der Sie kommen.« Oder: »Wie kann ich mir den Ort vorstellen, wo Sie aufwuchsen (lebten usw.)?« Oder: »Gibt es Schwerpunkte bei den Berufen, denen die Menschen dort nachgehen?« Oder: »Ist Ihre Region für bestimmte Sehenswürdigkeiten bekannt?« Oder: »Was tun die Menschen in Ihrer Heimatstadt nach Feierabend zu ihrem Vergnügen?«

Viele Menschen aus anderen Ländern erproben im Gastland zwar gern ihre Sprachkenntnisse, doch sie reagieren meist erfreut, wenn Sie sie bitten, Ihnen einige Ritualsätze in ihrer Muttersprache beizubringen. Damit können Sie leicht ein gutes Verhältnis herstellen und Wertschätzung für das Land und die Kultur Ihres Gesprächspartners zum Ausdruck bringen. Fragen Sie zum Beispiel: »Wie sagt man auf Griechisch (Japanisch, Polnisch) ›Guten Tag‹, ›Auf Wiedersehen‹, ›Bitte‹, ›Danke‹ und ›Wie geht's?‹« Sprechen Sie dann bei der nächsten Begegnung mit dem Gesprächspartner einige Worte in seiner Landessprache und achten Sie auf das Lächeln und das Leuchten in seinen Augen!

Seien Sie nicht gekränkt, wenn jemand das Falsche sagt

Was sollten Sie sagen, wenn ein Ausländer eine grobe Verallgemeinerung über Ihr Heimatland oder Ihren Wohnort ausspricht, mit der Sie nicht einverstanden sind? Reagieren Sie vor allem nicht beleidigt und fangen Sie keinen Streit an. Stattdessen können Sie etwa sagen: »Das mag so auf Sie wirken, doch ich glaube, dass die meisten Menschen hier, so wie ich, diese Auffassung nicht teilen.«

Angesichts der vielen regionalen Unterschiede in den meisten Ländern ist es nicht überraschend, dass Zugereiste oft nicht auf die lokalen Bräuche oder Etikette-Regeln eingestellt sind. Fragen, die Ihnen selbst sehr persönlich erscheinen, wie zum Beispiel »Was haben Sie dafür bezahlt?« oder »Warum haben Sie keine Kinder?«, könnten im Heimatland des anderen völlig akzeptabel sein.

Nehmen Sie aber keinen Anstoß an persönlichen Fragen, sondern betrachten Sie sie als Ausdruck echten Interesses an Ihrem Lebensstil und Ihrer Kultur. Ihre Antwort darauf können Sie allgemein halten und zum Beispiel sagen: »In meinem Beruf verdient man je nach Ausbildung und Berufserfahrung pro Jahr zwischen ... und ...« Oder: »Hierzulande gibt es sehr viele verheiratete Paare, die keine Kinder haben, und ich bin sicher, dass alle ihre Gründe dafür haben.« Wenn die Person aber auf ihrer Frage beharrt und Sie nicht genauer antworten möchten, sagen Sie: »Den meisten Menschen hier sind solche Fragen zu persönlich, daher möchte auch ich nichts dazu sagen.« Oder: »Über dieses Thema möchte ich nicht gern sprechen.«

Vermeiden Sie Stereotype

Obwohl Menschen aus bestimmten Ländern oder Regionen der Welt ähnliche Bräuche und Gesprächsstile haben, sollten Sie dem Drang widerstehen, alle über einen Kamm zu scheren. Treffen Sie nie stereotype Aussagen über Menschen wie: »Ihr Franzosen (Amerikaner, Chinesen, Inder oder wer auch immer) seid immer ...« Sie werden bessere Gespräche mit Menschen aus anderen Ländern haben, wenn Sie sie nach ihren persönlichen Standpunkten, Ansichten und Befindlichkeiten fragen.

Gehen Sie nicht davon aus, zu wissen, woher der andere kommt

»Ach, Sie kommen gar nicht aus England? Dabei klingen Sie so englisch!« Diesen kommunikativen Fauxpas bekommen oft Menschen zu hören, die mit vermeintlich britischem Akzent sprechen. Tatsächlich können diese Menschen aber aus Südafrika, Neuseeland, Australien,

Irland, Schottland, Wales, Indien, Kanada, Ghana, Belize, Hongkong, Simbabwe oder aus jedem anderen der 50 unabhängigen Staaten oder Protektorate kommen, die früher einmal britische Kolonien waren.

Andere Menschen fühlen sich höchstwahrscheinlich gekränkt, wenn Sie aufgrund ihres Äußeren, ihrer Sprache oder ihres Akzents falsche Vermutungen über ihre Nationalität anstellen. So haben zum Beispiel mehr als 90 Millionen Menschen weltweit Französisch als Muttersprache – in Quebec, auf Haiti, Guinea, in Indochina, Marokko, Algerien sowie in weiteren Ländern in der Karibik und in Nordafrika. Die am weitesten verbreitete romanische Sprache der Welt ist Spanisch. Es ist nicht nur die offizielle Landessprache in Spanien und den meisten Teilen Lateinamerikas, sondern wird darüber hinaus von 14,5 Millionen Menschen in den Vereinigten Staaten gesprochen, die zum großen Teil auch dort geboren wurden. Wenn man zum Beispiel vermutet, eine Person käme, nur weil sie Spanisch spricht, aus Mexiko, könnte das recht peinlich werden.

Englischsprachige Kanadier mögen es gar nicht, wenn sie für Amerikaner gehalten werden, obwohl das immer wieder passiert. Frankokanadier werden jeden, der vermutet, sie kämen aus Frankreich, unmissverständlich eines Besseren belehren. Asiaten einer bestimmten Nationalität fühlen sich tief beleidigt, wenn sie mit Angehörigen einer anderen asiatischen Nationalität verwechselt werden. Man kann schlimmstenfalls sogar einen Kleinkrieg anzetteln, wenn man einen Griechen mit einem Türken verwechselt oder einen Israeli mit einem Palästinenser. Wie auch bei anderen Fauxpas ließe sich die Liste beliebig lange fortsetzen.

Stellen Sie also keine Mutmaßungen über die Herkunft von anderen Menschen an und hören Sie gut auf geografische Bezüge, die darauf hinweisen könnten, wo ihr Heimatland liegt. Wenn Sie den Namen einer bestimmten Stadt hören, könnten Sie fragen: »Sie sind in Hongkong zur Schule gegangen? Kommen Sie auch von dort?« Wenn Sie nicht sicher sind, äußern Sie keine Vermutungen. Seien Sie stattdessen ruhig direkt und fragen Sie: »Woher kommen Sie?« Oder: »Wo sind Sie aufgewachsen?« Oder: »Wo wurden Sie geboren?«

Passen Sie Ihre Sprechgeschwindigkeit und Ihr Vokabular an die Sprachkenntnisse des anderen an

Mal ehrlich: Es ist schwierig, eine neue Sprache zu lernen, vor allem mit all ihren Redewendungen, Abkürzungen und dem Jargon, der in Alltagsgesprächen sehr häufig ist. Wenn Sie zum ersten Mal jemandem mit einer fremden Muttersprache begegnen, sprechen Sie langsam und in kurzen Sätzen, bis Sie sicher sein können, wie viel der oder die andere versteht. Wenn eine Sprachbarriere besteht, seien Sie geduldig und beachten Sie den guten Rat eines internationalen Gastgebers: »Halten Sie es einfach, sprechen Sie nicht laut und verhalten Sie sich nie so, als ob Sie mit einem Kind sprechen würden.«

Bedenken Sie, dass viele Menschen unsicher über die Qualität ihrer Fremdsprachenkenntnisse sind und möglicherweise ein wenig Extra-Ansporn von Ihnen benötigen, um die Unterhaltung fortzusetzen. Wenn jemand behauptet, dass seine Sprachkenntnisse unzureichend seien, können Sie sagen: »Ich finde, dass Sie wirklich gut sprechen! Wie lange haben Sie die Sprache denn gelernt?«

Mit dem Smartphone in kürzester Zeit weitere landesspezifische Gesprächsthemen finden

Nehmen Sie gelegentlich an geschäftlichen oder gesellschaftlichen Veranstaltungen mit Gästen aus Ländern teil, über die Sie nicht viel wissen? Die Lösung kann zum Greifen nahe sein, wenn Sie ein Smartphone mit Internetzugang haben. Rufen Sie damit Ihre bevorzugte Suchmaschine auf und geben Sie den Namen des Landes ein, in dem der Betreffende wohnt. Sie werden Links zu Tourismusveranstaltern, Reiseführern, Länderberichten und Seiten zu Geschichte und Geografie finden. Sie enthalten jede Menge Informationen, auf die Sie schnell zugreifen können, um damit das Eis zu brechen und mit ausländischen Gästen über ihre Heimatländer ins Gespräch zu kommen.

Setzen Sie nicht voraus, dass Ihr Gesprächspartner alles versteht

Im Laufe Ihrer Unterhaltung sollten Sie in jedem Fall prüfen, ob Ihr Gegenüber Sie auch wirklich verstanden hat. Selbst wenn Menschen mit begrenzten Fremdsprachenkenntnissen Ihre Aussagen oder Botschaften nicht ganz verstehen, neigen sie dazu, häufig zu nicken und die Frage, ob sie verstanden haben, zu bejahen.

Sie können Missverständnisse vermeiden, indem Sie Fragen stellen, die bedingen, dass der andere Ihre Aussage wiederholt oder mit eigenen Worten umschreibt. Sie können ihn zum Beispiel bitten: »Ich möchte sichergehen, dass Sie genau verstanden haben, wie Sie zu uns nach Hause finden. Könnten Sie daher die Wegbeschreibung bitte noch einmal mit Ihren eigenen Worten wiederholen?« Oder Sie geben wieder, was Sie seinen Aussagen entnommen haben. Zum Beispiel: »Ich möchte nur sicherstellen, dass ich Sie richtig verstanden habe. Sie hätten gern, dass ich ... Stimmt das?«

Wenn Sie der Meinung sind, dass Ihre Botschaft nicht zu Ihrem Gegenüber durchgedrungen ist, versuchen Sie, sie noch direkter und mit weniger Worten zu formulieren. Das können Sie so einleiten: »Lassen Sie mich das anders ausdrücken.«

HÄUFIG GESTELLTE FRAGE

Ich weiß, dass man Diskussionen über Sex, Politik und Religion meiden sollte, doch über welche Themen kann ich dann mit einem Menschen aus einem anderen Land sprechen?

Sprechen Sie über positive Themen

Die meisten Menschen aus anderen Ländern tauschen sich gern über ihre Ansichten zu einer Vielzahl von Themen aus, die Aufschluss über ihre Interessen, Erfahrungen und ihren Geschmack geben. Sie können beispielsweise über folgende Themen sprechen:

Aktivitäten im Freien	(die) Kultur Ihres Landes	Tiere
Autos	kulturelles Erbe	touristische Attraktionen
Arbeit/Geschäft	Kunst	Unterhaltung
Berufe	Landleben/Stadtleben	Unternehmer
Bräuche	Landschaft/Geografie	Weltgeschehen*
Ehrenamt	Literatur	Wetter/Klima
Essen und Trinken	Mode	Wissenschaft und Technik
Familienleben*	Musik	Zeitgeschehen*
Gartenarbeit	Reisen	
Geschichte*	Sport	
Hobbys	Sprache	

Hier einige Beispiele, wie Sie ein Gespräch zu einigen der oben genannten Themen beginnen können:

- *Wie sieht die Umgebung an Ihrem Heimatort aus? (Landschaft/Geografie)*

- *Wie kann ich mir Ihre Stadt vorstellen? (Landleben/Stadtleben)*

- *Was interessiert Sie an der hiesigen Kultur am meisten? (Die Kultur Ihres Landes)*

- *Was tun Sie gern außerhalb der Arbeit? (Hobbys)*

- *Erzählen Sie mir bitte etwas über die Geschichte Ihrer Heimatstadt. (Kulturelles Erbe)*

---

* **Achtung:** Seien Sie bei diesen Gesprächsthemen vorsichtig, weil sie zu starken Meinungsverschiedenheiten oder Unannehmlichkeiten im Gespräch führen können.

– *Wie unterscheidet sich die Art, wie man hier Geschäfte macht, davon, wie das bei Ihnen zu Hause geschieht?* (Arbeit/Geschäft)

– *Haben Sie in letzter Zeit Filme (Theaterstücke, Konzerte usw.) gesehen, die Ihnen gut gefallen haben?* (Unterhaltung)

– *Wenn ich Ihr Land (Ihre Stadt) besuchen würde, wo sollte ich Ihrer Meinung nach hinfahren?* (Reisen)

– *Wer wird aus Ihrer Sicht dieses Jahr Fußballweltmeister?* (Sport)

Meiden Sie deprimierende Themen

Die folgenden Themen sollten Sie mit Menschen aus anderen Ländern, die Sie noch nicht gut kennen, auf keinen Fall diskutieren. Denn die kontroversen Inhalte polarisieren leicht und können Menschen, gerade in gesellschaftlichen und geschäftlichen Situationen, in schlechte Stimmung versetzen:

Alkohol-/Drogenmiss-brauch	Kalter Krieg	Religion
Apartheid	Kolonialismus	Sex
Armut	Kommunismus	Steuern
ethnischer Humor	organisiertes Verbrechen	Terrorismus
Geldprobleme	persönliche Krankheiten	Tragödien
Gewaltverbrechen	Politik	wirtschaftliche
Innenpolitik	politische Unruhen	Probleme
	religiöse Konflikte	

HÄUFIG GESTELLTE FRAGE

Wie kann man eine Freundschaft mit jemandem aus einem anderen Land anbahnen und aufrechterhalten?

Wenn Sie mit jemandem aus einem anderen Land nach dem ersten Kennenlernen eine Freundschaft aufbauen wollen, liegt der Schlüssel dazu im Kontakt-Halten. Schicken Sie Ihrem neuen Bekannten eine E-Mail, einen Brief oder eine Postkarte, um ihn wissen zu lassen, wie sehr es Sie gefreut hat, ihn kennenzulernen, und werden Sie Freunde bei Facebook. Wenn Sie an seinen Geburtstag oder an ein besonderes Ereignis denken, wird das helfen, die Beziehung zu festigen. Seit es E-Mail gibt, kann man auf der Stelle Menschen in aller Welt erreichen, daher ist es heute leichter denn je, Kontakt zu halten. Wenn Sie Auslandsgespräche führen wollen, finden Sie heute schon Anbieter, mit denen Sie zu günstigen Preisen mit Menschen in Tausenden Kilometern Entfernung telefonieren können. Natürlich sollten Sie versuchen, Ihren Freund, wann immer es möglich ist, auch persönlich zu treffen.

Das Gespräch mit Menschen aus anderen Ländern baut Brücken der Freundschaft

Vor langer Zeit hat mir einmal jemand gesagt: Die Welt ist wie ein Buch und Menschen, die nicht reisen, lesen nur eine einzige Seite darin. Jedoch gehen heute so viele Menschen aus aller Welt zum Arbeiten und Leben in andere Länder, dass Sie ohne Weiteres auch in Ihrer Heimatstadt Ausländer treffen können.

Neue Gerichte, Bräuche, Musik, Geschäftsmöglichkeiten, Perspektiven und Wertvorstellungen zu entdecken sind nur einige der vielen Vorteile, die Ihnen Unterhaltungen mit Menschen aus aller Welt bieten. Doch die schönste Belohnung beim Treffen mit Menschen, die anders sind als Sie, ist das gegenseitige Verständnis und eine internationale Freundschaft.

18. Andere Länder - andere Sitten: Wie unterschiedliche Gepflogenheiten interkulturelle Gespräche beeinflussen

Je mehr ich gereist bin, desto klarer wurde mir:
Angst macht Fremde aus Menschen, die eigentlich Freunde sein sollten.

Shirley MacLaine (geb. 1934),
amerikanische Schauspielerin

»Ich kann nicht glauben, dass sie mich gefragt hat, was mein Verlobungsring gekostet hat!« – »Okay. Ich bin fünf Minuten zu spät. Was ist daran so schlimm?« – »Wenn er im Gespräch bloß nicht so dicht neben mir stehen würde!«

Mit Menschen aus anderen Ländern zu sprechen kann eine Herausforderung sein – vor allem wenn man nicht viel über ihre kulturellen Befindlichkeiten und Tabus weiß. Je besser Sie darüber informiert sind, desto geringer ist die Wahrscheinlichkeit, dass Sie das Falsche sagen oder selbst Anstoß am Verhalten Ihres Gesprächspartners nehmen.

Wie gut wissen Sie über die Gepflogenheiten anderer Kulturen Bescheid?

Beantworten Sie die folgenden Testfragen mit »richtig« (r) oder »falsch« (f), um herauszufinden, wie gut Sie sich im Hinblick auf die Gesprächsgepflogenheiten anderer Kulturen auskennen. Die richtigen Antworten finden Sie am Ende des Tests.

1. Japaner mögen einen festen Händedruck, wenn sie Fremde begrüßen. r ☐ f ☐

2. Wenn jemand zu spät zu einer Verabredung erscheint, reagiert ein Deutscher verärgert. r ☐ f ☐

3. Nordamerikaner halten im Gespräch weniger Abstand zueinander als Lateinamerikaner. r ☐ f ☐

4. Chinesen gestikulieren beim Sprechen.   r ☐   f ☐

5. Während es in den Vereinigten Staaten üblich ist, Menschen beim
   Vornamen zu nennen, betrachten Europäer, Asiaten und Lateinamerikaner es als unhöflich, wenn dies ohne vorherige Erlaubnis
   geschieht.   r ☐   f ☐

6. Zu wenig Blickkontakt gilt in allen Kulturen als ein Zeichen von
   Unehrlichkeit.   r ☐   f ☐

7. Frauen sollten Männern aus dem Nahen Osten als Erste die Hand
   geben.   r ☐   f ☐

8. Bulgaren und Griechen nicken mit dem Kopf, wenn sie anderer
   Meinung sind.   r ☐   f ☐

9. Südamerikaner betrachten es als unhöflich, wenn jemand im Gespräch ein paar Schritte zurückweicht.   r ☐   f ☐

10. Italiener betreiben nie Small Talk, bevor sie auf geschäftliche The-
    men zu sprechen kommen.   r ☐   f ☐

11. Eine Inderin würde sich beleidigt fühlen, wenn man mit dem Fin-
    ger auf sie zeigen würde.   r ☐   f ☐

12. Afrikaner sprechen gern über Musik, Kunst, Bildhauerei und
    mündlich überlieferte Literatur.   r ☐   f ☐

13. Filipinos sagen zu Ausländern nur selten Nein und tun alles, um
    Streit mit ihnen zu vermeiden.   r ☐   f ☐

14. Für Menschen aus der Karibik ist es typisch, sehr entspannte und
    informelle Gespräche zu führen.   r ☐   f ☐

15. Die meisten Mittelamerikaner finden das Thema Fußball langwei-
    lig.   r ☐   f ☐

Antworten

1. Falsch: Obwohl Japaner es gewohnt sind, Menschen aus westlichen Ländern die Hand zu schütteln, bevorzugen sie einen leichten Händedruck.

2. Richtig: Pünktlichkeit ist den Deutschen sehr wichtig. Wenn man auch nur wenige Minuten zu spät zu einer geschäftlichen oder privaten Verabredung erscheint, gilt das als unhöflich.

3. Falsch: Nordamerikaner halten am liebsten einen Gesprächsabstand von etwa 90 Zentimetern ein. Lateinamerikaner halten dagegen nur 30 bis 60 Zentimeter Abstand.

4. Falsch: Chinesen gestikulieren im Gespräch kaum und fühlen sich abgelenkt, wenn andere das tun.

5. Richtig: Amerikaner nennen Menschen am liebsten gleich bei der ersten Begegnung beim Vornamen, obwohl das vielen Menschen aus anderen Ländern zu informell ist.

6. Falsch: Mexikaner zum Beispiel wenden den Blick oft aus Respekt ab.

7. Falsch: Strenge religiöse Regeln verbieten Moslems und orthodoxen Juden in der Öffentlichkeit Körperkontakt zu Vertretern des anderen Geschlechts.

8. Richtig: Bulgaren und Griechen wiegen den Kopf hin und her, wenn sie zustimmen, und wenn sie Nein sagen wollen, nicken sie.

9. Richtig: Während des Gesprächs einen Schritt zurückzuweichen halten Südamerikaner für unhöflich, weil sie bei Unterhaltungen gern sehr nah beieinanderstehen.

10. Falsch: Bereiten Sie sich darauf vor, Italienern zunächst von Ihrer Familie, Reisen, Essen usw. zu erzählen, bevor Sie mit ihnen geschäftliche Angelegenheiten besprechen.

11. Richtig: Menschen aus Indien halten es für unhöflich, mit dem Finger auf andere zu zeigen. Sie deuten stattdessen mit dem Kinn in die entsprechende Richtung.

12. Richtig: Afrikaner sprechen gern über den Einfluss, den ihre traditionelle Musik, Kunst, Bildhauerei und mündlich überlieferte Literatur auf Jazz, Blues, moderne Kunst und modernen Tanz haben.

13. Richtig: Filipinos legen viel Wert auf Harmonie in Gesprächen und betrachten das Wort *Nein* als unhöflich.

14. Richtig: Menschen aus der Karibik haben meist einen entspannteren Gesprächsstil als Amerikaner, Briten, Franzosen, Spanier oder Niederländer.

15. Falsch: Mittelamerikaner interessieren sich genauso leidenschaftlich für Fußball wie die meisten Europäer, Mexikaner und Südamerikaner.

Ergebnis

richtige Antworten	Niveau/Empfehlung
13–15	Super! Sie können sich mit nahezu jedem Menschen aus jedem Land der Welt unterhalten. Haken Sie in Gesprächen ruhig noch stärker nach, um mehr über Subkulturen zu erfahren, die in jedem Land und in jeder Kultur anzutreffen sind.
9–12	Ziemlich gut! Sie kennen viele Eigenheiten aus anderen Ländern, die Einfluss auf Gespräche haben. Achten Sie aber besonders auf die vielen Ausnahmen innerhalb jeder Kultur, damit Sie sich im Gespräch mit Menschen aus einem bestimmten Land nicht zu stark auf Ihre eigenen Annahmen stützen.

5–8   In Ordnung, aber … Sie wissen genug über Men-
             schen aus anderen Ländern, um sich mit ihnen
             zu unterhalten, doch Sie könnten versehentlich
             auch etwas Peinliches oder Beleidigendes sagen.
             Stellen Sie mehr Fragen danach, woher der an-
             dere kommt und welche Gepflogenheiten dort
             üblich sind. Setzen Sie das Gespräch auf der
             Grundlage der Informationen fort, die Sie von
             Ihrem Gesprächspartner erhalten.

0–4   Oje! Sie laufen Gefahr, das Falsche zu sagen,
             wenn Sie Menschen aus anderen Ländern begeg-
             nen. Informieren Sie sich besser über die Kultur
             und Gepflogenheiten anderer Länder, damit Sie
             sich in Gesprächen nicht in die Nesseln setzen.
             Wenn Sie Fragen stellen, Interesse zeigen, auf-
             merksam zuhören und das Verhalten des anderen
             beobachten, werden Sie sich schnell verbessern.

Peinliche Situationen und Tabuthemen umgehen – mithilfe der folgenden Tabelle

Wenn man die besonderen Kommunikationsstile, Gepflogenheiten oder Tabus anderer Länder nicht kennt, kann man das Verhalten von Bekannten und Freunden aus dem Ausland leicht fehlinterpretieren. In der folgenden Tabelle sind Grußformen, Gesprächsstile und die Körpersprache verschiedener Länder und Regionen der Welt zusammengefasst, außerdem bestimmte Verhaltensweisen und Themen, die man im Umgang mit deren Bewohnern vermeiden sollte. Die Liste deckt zwar nicht alle Nationalitäten ab und die Merkmale sind stark verallgemeinert – trotzdem sind sie repräsentativ für die meisten Menschen aus denjenigen Ländern, mit denen Sie bei der Arbeit, in der Nachbarschaft und in geschäftlichen oder gesellschaftlichen Situationen am ehesten zu tun bekommen dürften.

Tabelle: Gesprächsgepflogenheiten in verschiedenen Ländern

Land/Region	Händedruck/Gruß	Gesprächsstil
Brasilien	mittel	kontaktfreudig
China*	leicht/Verbeugung	zurückhaltend
Deutschland	fest	praktisch/formell
England	leicht	formell
Frankreich	leicht	stolz/formell
Griechenland	leicht	gelassen
Indien*	mittel (nur Männer)	gemütlich
Israel	leicht (nur Männer)	auf den Punkt
Italien	leicht	deutlich
Japan	leicht	zurückhaltend
Kanada	mittel	entspannt/höflich
Karibik*	mittel	informell
Mexiko	mittel	freundlich
Mittelamerika*	leicht	höflich/formell
Naher Osten*	mittel (nur Männer)	geruhsam
Nordafrika*	mittel (nur Männer)	geruhsam
Osteuropa*	fest	kontaktfreudig
Philippinen	fest	formell
Polen	mittel	deutlich
Russland*	mittel	deutlich
Skandinavien	fest	zurückhaltend/formell
Südafrika*	mittel	höflich/formell
Südamerika*	leicht bis mittel	persönlich
Südostasien*	leicht/nicken	zurückhaltend
Vereinigte Staaten von Amerika	fest	freundlich/informell
Zentralafrika*	mittel	höflich/gemütlich

* In diesen Ländern und Regionen bestehen viele kulturelle und ethnische Unterschiede und es gibt eine große Vielfalt an Kulturen und Bräuchen.

Blickkontakt	Gesprächs-abstand	Tabuthemen /-handlungen
stark	30–60 cm	zurückweichen
leicht	90–120 cm	einen Chinesen für einen Japaner halten
mittel	60–90 cm	2. Weltkrieg
leicht	90 cm	zu wenig Abstand halten
stark	30–60 cm	sie kritisieren
mittel	60–90 cm	Essen ablehnen
mittel	60–90 cm	*Nein* sagen
mittel	30–60 cm	2. Weltkrieg
mittel	30–60 cm	organisiertes Verbrechen
leicht	90–120 cm	einen Japaner für einen Chinesen halten
mittel	90 cm	einen Kanadier für einen US-Amerikaner halten
mittel	60 cm	Drogenhandel
mittel/leicht	30–60 cm	zurückweichen
stark	30–60 cm	zurückweichen
stark	30–60 cm	mit der linken Hand essen
mittel	30–60 cm	Nahost-Politik
mittel	60–90 cm	kommunistische Herrschaft
leicht	60–90 cm	Hände in die Hüften stemmen
mittel	60–90 cm	2. Weltkrieg
mittel	30–60 cm	sie kritisieren
stark	60–90 cm	lautstarke Ausbrüche
mittel	60–90 cm	Apartheid
stark	30–60 cm	zurückweichen
begrenzt	90–120 cm	Konfrontation
mittel	60–90 cm	sie kritisieren
mittel	60–90 cm	Religion/politische Konflikte

HÄUFIG GESTELLTE FRAGE _____

Wenn ich im Gespräch mit einem Ausländer eine Verallgemeinerung äußere, fühlt er sich dann gleich als individueller Mensch missachtet?

___

Es empfiehlt sich immer, Menschen, denen Sie begegnen, nicht klischeehaft zu sehen und zu behandeln. Seien Sie sich bewusst, dass Sie mit individuellen Persönlichkeiten sprechen und dass es innerhalb jedes Landes und jeder Region zahlreiche kulturelle Unterschiede gibt. Um nicht versehentlich das Falsche zu sagen, beobachten Sie den anderen, hören Sie ihm zu und folgen Sie im Austausch miteinander seinem Beispiel. Denken Sie daran, immer höflich zu sein, achten Sie auf Ihr Benehmen und sagen Sie *niemals*: »Aber ich dachte, dass in Ihrem Land jeder ... «

Wie Sie weitere Informationen über die Gepflogenheiten von Menschen aus anderen Ländern erhalten

Sie können nicht nur im Gespräch mit Menschen etwas über deren Heimatland erfahren, sondern auch an Ihrem Wohnort viele Informationsmöglichkeiten nutzen, um mehr über andere Länder und deren Sitten herauszufinden.

Besuchen Sie

— Restaurants mit ausländischer Küche oder Gerichten aus anderen Kulturen,

— Veranstaltungen, bei denen Musik, Tanz, Kunst und Essen aus anderen Kulturen geboten werden*,

— Kulturzentren eines bestimmten Landes oder einer bestimmten Weltregion,

— Fremdsprachenkurse*,

— Internationale Zentren,

- Sprachlehrprogramme, bei denen Sie ehrenamtlich Menschen aus anderen Ländern in Ihrer Muttersprache unterrichten,

- Vorträge oder Kurse über die Bräuche oder Kultur eines bestimmten Landes*,

- Museen, in denen Kunst aus anderen Ländern ausgestellt wird,

- Volkstanz- oder Musikkurse*,

- Bibliotheken, in denen Sie sich über Reiseziele informieren können, die Sie schon immer einmal besuchen wollten.

Lesen Sie etwas über andere Länder in

- Zeitschriften wie *GEO, Merian, National Geographic,*

- den Rubriken »Reisen« und »Essen & Trinken« in Tageszeitungen und Zeitschriften,

- Reiseführern, die inzwischen in einer großen Bandbreite angeboten werden, etwa von Dumont, Michael Müller, Michelin, Lonely Planet,

- Zeitungsartikeln oder Geschichten über Menschen,

- Sachbüchern oder Bildbänden,

- Romanen, deren Figuren und Handlungen in anderen Ländern angesiedelt sind.

Schauen Sie Filme oder Fernsehsendungen aus anderen Ländern an, die

- zeigen, wie die Menschen dort leben,

- die Landesgeschichte und kulturelle Entwicklungen darstellen,

---

* Natürlich bieten viele dieser Orte neben der Möglichkeit, sich Informationen über ein Land oder eine Kultur zu beschaffen, auch jede Menge Gelegenheiten, andere Leute kennenzulernen und neue Freunde zu finden!

— die dort lebenden Menschen in historischer Perspektive zeigen,

— über beliebte Sportereignisse berichten.

Das Internet – der schnellste Weg zu Informationen über Bräuche und Gepflogenheiten im Ausland

Das Internet bietet eine unendliche Menge an Websites, Büchern und Blogs über die Gepflogenheiten in den meisten Ländern der Welt. Gerade wenn Sie geschäftlich ins Ausland fliegen oder in Ihrer Heimat Kontakt zu ausländischen Kunden haben, sollten Sie unbedingt wissen, welche Gepflogenheiten in deren Herkunftsländern herrschen und wie man damit umgeht. Es ist ganz einfach, darüber Informationen zu finden. Sie brauchen nur »Bräuche in anderen Ländern« in Ihre bevorzugte Suchmaschine einzugeben und Sie werden Dutzende Links finden.

Sich unterhalten und dabei Respekt wahren – die Basis für internationale Freundschaften

Der Schlüssel zu einer erfolgreichen Kommunikation mit Ausländern liegt in der Bereitschaft, etwas Neues zu lernen, und darin, individuelle Unterschiede zu respektieren und zu tolerieren. Jede gesellschaftliche und geschäftliche Situation hat das Potenzial für lohnenswerte Unterhaltungen zwischen Menschen mit unterschiedlichem kulturellem Hintergrund, in denen sie sich austauschen und etwas über den anderen lernen können. Wenn Sie allmählich mit unterschiedlichen Kommunikationsstilen, Arten der Körpersprache, Bräuchen, Gepflogenheiten und Tabus vertraut werden, können Sie mit vielen Ihrer Unterhaltungen den Grundstein für internationale Freundschaften legen.

19. 60 Tipps für bessere Gespräche und dauerhafte Freundschaften

*Zeig der Welt, wie du bist, und nicht, wie du am liebsten wärst –
denn wenn du dich verstellst, wirst du
das früher oder später einmal vergessen – und wer bist du dann?*

Fanny Brice (1891–1951),
Sängerin und Komikerin

Zum Abschluss hier noch einige Tipps, wie man Gespräche erfolgreich beginnt, fortsetzt und beendet:

Gespräche beginnen

1. Sagen Sie als Erster Hallo und grüßen Sie Menschen, die Sie kennen, immer.

2. Sehen Sie sich nach Personen mit einer offenen Körpersprache um.

3. Wenn Sie Menschen begegnen, lächeln Sie und stellen Sie Blickkontakt her.

4. Stellen Sie sich anderen vor – wenn nötig, auch noch einmal beim zweiten Treffen.

5. Brechen Sie voller Selbstvertrauen das Eis: Rechnen Sie erst gar nicht mit einer Zurückweisung.

6. Bemühen Sie sich darum, neue Leute kennenzulernen.

7. Zeigen Sie Neugier und Interesse an anderen.

8. Suchen Sie nach gemeinsamen Interessen, Zielen und Erfahrungen, wenn Sie Menschen kennenlernen.

9. Bemühen Sie sich, anderen Menschen zu helfen, wenn Sie können.

10. Nehmen Sie sich etwas Zeit für Herzlichkeit gegenüber Nachbarn und Arbeitskollegen.

11. Seien Sie offen für Small Talk und beantworten Sie bereitwillig Ritualfragen.

12. Machen Sie anderen Komplimente zu ihrer Kleidung, ihren Tätigkeiten oder Äußerungen.

13. Ermuntern Sie andere mit Blickkontakt und einem Lächeln dazu, mit Ihnen zu reden.

14. Fragen Sie eine Person noch einmal nach ihrem Namen, wenn Sie ihn vergessen haben.

15. Sprechen Sie einen neuen Bekannten bei der nächsten Kontaktaufnahme mit seinem Namen an.

16. Beteiligen Sie sich auch an Unterhaltungen, die bereits im Gang sind.

17. Seien Sie bereit, anderen mitzuteilen, wie Sie Ihren Lebensunterhalt bestreiten und was Sie gern in Ihrer Freizeit tun.

18. Fragen Sie andere, womit sie ihr Geld verdienen und welches ihre Hobbys sind.

19. Hören Sie im Gespräch zwischen den Zeilen auf Schlüsselworte, indirekte Botschaften und mögliche Gesprächsthemen, damit Sie immer wissen, was Sie sagen sollen.

20. Zeigen Sie anderen, dass Sie ein guter Zuhörer sind, indem Sie ihre Aussagen mit Ihren eigenen Worten wiedergeben und sachverwandte Folgefragen stellen.

Gespräche fortsetzen

21. Bringen Sie in Gesprächen Begeisterung, Optimismus und Sinn für Humor zum Ausdruck.

22. Beklagen Sie sich nicht und meiden Sie negative Themen oder blutrünstige Geschichten aus den Nachrichten.

23. Wenn Sie eine Geschichte erzählen oder über eine Erfahrung berichten, nennen Sie zuerst den Hauptpunkt und erst danach weitere Einzelheiten.

24. Erzählen Sie anderen Menschen von wichtigen Ereignissen aus Ihrem Leben.

25. Bringen Sie etwas über die wichtigen Themen im Leben Ihrer Gesprächspartner in Erfahrung.

26. Seien Sie offen für neue Ideen.

27. Konzentrieren Sie sich auf das Positive in den Menschen, denen Sie begegnen.

28. Greifen Sie Themen auf, über die der andere mit Ihnen schon in einer früheren Unterhaltung gesprochen hat.

29. Sorgen Sie für einen ausgewogenen Austausch: Sprechen Sie weder zu viel noch zu wenig.

30. Suchen Sie bei anderen Menschen immer nach den »heißen Themen« oder anderen Dingen von großem Interesse.

31. Nennen Sie Ihren Gesprächspartner in der Unterhaltung immer mal wieder beim Namen.

32. Lachen Sie ruhig, wenn andere etwas Amüsantes erzählen.

33. Erzählen Sie den anderen, was Sie an Ihrer Tätigkeit besonders interessiert oder fordert.

34. Lassen Sie Ihren Gesprächspartner ruhig den Fachmann spielen.

35. Halten Sie sich über aktuelle Ereignisse, die jeden betreffen, auf dem Laufenden.

36. Bringen Sie Ihre Gefühle, Ansichten und Emotionen zum Ausdruck.

37. Fragen Sie andere Menschen nach ihrer Meinung und machen Sie ihnen deutlich, dass Sie ihre Sichtweise schätzen.

38. Akzeptieren Sie das Recht Ihres Gesprächspartners, Dinge anders zu sehen und zu empfinden als Sie.

39. Wechseln Sie das Thema, bevor die Diskussion zu emotional oder hitzig wird.

40. Wechseln Sie das Gesprächsthema, indem Sie sagen: »Vorhin haben Sie gesagt, dass ... «

41. Sprechen Sie verschiedene Themen an, um festzustellen, welche den meisten Gesprächsstoff liefern.

42. Zeigen Sie Interesse an anderen, indem Sie offene Fragen stellen.

43. Tauschen Sie Persönliches und Hintergrundinformationen in ausgewogenem Verhältnis aus.

44. Sprechen Sie über verschiedene Themen einschließlich Ihrer Arbeit, aber sprechen Sie nicht nur über Ihre Arbeit.

45. Verwenden Sie eine offene Körpersprache, um anderen zu zeigen, dass Ihnen das Gespräch Freude macht.

Gespräche beenden und dauerhafte Freundschaften aufbauen

46. Benennen Sie vor dem Ende des Gesprächs ein oder zwei gemeinsame Interessengebiete.

47. Schließen Sie das Gespräch mit einem positiven Thema ab.

48. Senden Sie kurz vor dem Ende des Gesprächs ein »Abschluss-Signal«, indem Sie sagen: »Die Unterhaltung mit dir/Ihnen hat mir Spaß gemacht.«

49. Bevor Sie das Gespräch abschließen, fragen Sie: »Wie können wir am besten in Kontakt bleiben?«

50. Beenden Sie Ihr Gespräch, indem Sie die Person beim Namen nennen, lächeln und ihr freundlich die Hand drücken.

51. Melden Sie sich bald nach dem Gespräch wieder, um den Kontakt zu intensivieren.

52. Halten Sie per Telefon, E-Mail, Facebook, LinkedIn, Twitter oder über andere soziale Netzwerke Kontakt zu Freunden und Bekannten.

53. Laden Sie neue Freunde zum Abendessen, zu gesellschaftlichen Anlässen oder anderen Aktivitäten ein, bei denen Sie einander besser kennenlernen können.

54. Gestehen Sie Ihrer Freundschaft zu, sich in einem natürlichen Tempo zu entwickeln.

55. Schaffen Sie einen Ausgleich zwischen den Einladungen zu gesellschaftlichen Anlässen, die Sie aussprechen, und denen, die Sie annehmen.

56. Stellen Sie Ihren alten Freunden Ihre neuen Freunde vor.

57. Akzeptieren Sie Ihre Freunde so, wie sie sind: Versuchen Sie nicht, sie zu verändern.

58. Missbrauchen Sie niemals das Vertrauen Ihrer Freunde.

59. Regelmäßige Treffen mit Freunden sollten fester Bestandteil Ihres Lebens werden.

60. Pflegen Sie Ihre Freundschaften, damit sie ein Leben lang halten können.

Schlussbemerkung

Nun kennen Sie alle nötigen Tipps und Kommunikationsfähigkeiten, um ein Gespräch anzufangen und aufrechtzuerhalten. Jetzt ist es an Ihnen, aktiv zu werden und Menschen kennenzulernen. Sie werden feststellen, dass Sie mit ein wenig Übung, Geduld und einer positiven Einstellung nichts zu verlieren, sondern nur zu gewinnen haben. Anregende und lohnende Gespräche zu führen wird Ihnen nicht schwerfallen. Dazu brauchen Sie nur einem Menschen in die Augen zu schauen, zu lächeln und eine Unterhaltung zu beginnen!

Dank

Mein ganz besonderer Dank geht an:

Meine Frau, Eileen Cowell, für ihre liebevolle und kontinuierliche Unterstützung, für viele hervorragende redaktionelle Vorschläge und für mehr als 25 Jahre lohnender und erkenntnisreicher Gespräche.

Meine Lektoren, Michelle Howry und Alessandra Preziosi im Verlagshaus Simon & Schuster, für ihre Begeisterung, für viele nützliche Ideen und für ihr Vertrauen in dieses Projekt.

Meinen Agenten, Herb Schaffner, für seine Hilfe, mein Manuskript bei Simon & Schuster unterzubringen, und für all die Mühe, die er sich für mich gemacht hat.

Jeffrey Hollender, der mir 1980 überhaupt erst die Chance gab, meinen Gesprächskurs und 1983 die erste Auflage dieses Buches zu entwickeln.

Register

Über den Autor

Autor, Kommunikationstrainer und Small-Talk-Experte

Don Gabor zeigt Menschen, wie sie mit Gesprächen zu Hause, am Arbeitsplatz und überall sonst Kontakt zu anderen herstellen können. Er coacht Geschäftsleute aus allen Branchen, damit sie mit gewinnbringenden Gesprächen ihre Einkünfte erhöhen können. Darüber hinaus lehrt er Führungskräfte, Manager und Angestellte, ihren Service am Kunden zu verbessern und effektiver zusammenzuarbeiten.

Don Gabor hat zehn Bücher geschrieben und Audioprogramme zum Thema zwischenmenschliche Kommunikationsfähigkeiten entwickelt. Seit 1980 ist er nicht nur als Buchautor tätig, sondern bietet auch Kommunikationsprogramme und Beratungen an. Zu seinen Auftraggebern zählen unter anderem die unabhängige Nutzergemeinschaft für Microsoft und SQL-Server, die *Professional Association of SQL Servers*, die *Marriott Hotels* Gruppe, die japanische Handelsgesellschaft *Korin Japanese Trading Corp.* sowie viele andere große und kleine Unternehmen, Berufsverbände und Universitäten.

Darüber hinaus bietet Don Gabor auch Einzelcoaching für Reden, Präsentationen, Kommunikationsfähigkeiten und Medientraining an. Zuvor hat er als Pressesprecher für den Likörhersteller *Grand Marnier*, den Internet- und Telefondienstleister *Sprint* und für den Snack-Hersteller *Frito-Lay* gearbeitet.

Da er häufig in den Medien zu Gast ist, wurden seine Bücher bereits in Hunderten von Print-, Radio und Fernsehinterviews vorgestellt. In der Zeitschrift *New Yorker* wurde Don als »begabter Gesprächsprofi« bezeichnet. Seit 1991 ist er Mitglied in der Berufsorganisation *National Speakers Association* und war von 2010 bis 2011 President ihres New Yorker Ortsverbandes.

Weitere Informationen über Don Gabors Programme und seine Angebote zum Erreichen Ihrer Kommunikationsziele oder bei Fragen zu öffentlichen Auftritten finden Sie im Internet unter www.DonGabor.com.

320 Seiten
Preis: 8,90 € (D) | 9,20 € (A) | sFr. 15,90
ISBN978-3-636-07253-5

Vera F. Birkenbihl

KOMMUNIKATIONS TRAINING

Dieses Buch hilft jedem, durch die Anwendung der richtigen Kommunikationsregeln sich selbst und andere besser zu verstehen und so auch in schwierigen Situationen erfolgreich zu kommunizieren. Die Erfolgsautorin Vera F. Birkenbihl bietet alles, was man braucht, um die eigenen Inhalte möglichst überzeugend zu transportieren und gleichzeitig die Reaktionen seiner Mitmenschen besser zu interpretieren und so seine Menschenkenntnis zu verbessern. Mit zahlreichen einfachen Übungen, Experimenten und Spielen illustriert sie die theoretischen Ausführungen und macht uns Schritt für Schritt zu Kommunikationsprofis.

160 Seiten
Preis: 16,95 € (D) | 17,50 € (A) | sFr. 24,90
ISBN 978-3-86882-202-1

Isabel García
ICH REDE.
Kommunikationsfallen und wie
man sie umgeht

Kaum zu glauben, aber wahr: Wir überzeugen nur
zu sieben Prozent durch das, was wir sagen, und zu
stolzen 93 Prozent dadurch, wie wir etwas sagen.
Doch nur die wenigsten Menschen sind von Natur
aus gute und überzeugende Redner. Wer überzeugen will, muss sich die Grundlagen der Kommunikation aneignen. Isabel García, eine der versiertesten
und gefragtesten Sprachspezialisten Deutschlands,
erläutert genau diese Grundlagen Schritt für Schritt
in ihrem Buch: ruhiges Reden und Atmen, tiefes
und sachliches Sprechen, eine entspannte Körper-
haltung und das Ausstrahlen von Souveränität. Auf
der beiliegenden CD gibt sie außerdem konkrete
Sprechbeispiele.